U0664706

为梦想，豁出去

陈晧宇　著

吉林文史出版社

图书在版编目（CIP）数据

为梦想，豁出去 / 陈晧宇著. —— 长春：吉林文史
出版社，2016.12
　　　　　ISBN 978-7-5472-3072-5

Ⅰ．①为… Ⅱ．①陈… Ⅲ．①企业管理－创业－经验
Ⅳ．①F272.2

中国版本图书馆CIP数据核字（2017）第005514号

为梦想，豁出去

WEIMENGXIANG，HUOCHUQU

著者/陈晧宇

责任编辑/康迈伦

封面设计/梓筝

印装/三河市金泰源印务有限公司

开本/145mm×210mm　1/32

字数/180千字

印张/6.5

版次/2016年12月第1版　2016年12月第1次印刷

出版发行/吉林文史出版社（长春市人民大街4646号）

联系电话/0431-86037516　13578885062

www.jlws.com.cn

书号/ISBN 978-7-5472-3072-5

定价/36.00元

自序：这是年轻人的时代，有梦想，就出发！

我本想在成为出色的企业家以后，或者经历了创业的巅峰和低谷，或者退休之后，再出版一本书。

因为一直以来我都认为，只有那些经历了巅峰和低谷的成功企业家，才能把创业历程和追求梦想的感悟讲得透彻、深刻。出版社的朋友和听过我演讲的朋友却希望我早点儿把自己的经历和感悟写下来，所以我让这本书提前和大家见面。

创作开始于我在江西 30 所高校和全国其他省市的 60 所高校做创业分享的时候。在和大学生创业者交流的过程中，我发现校园内有想法的创业者很多，他们非常努力，而且很有热情，但他们目前还缺乏正确的方法论和有经验的人指导。

在"大众创业、万众创新"的环境下，只有热情与努力是不够的，要有科学的方法论，才能事半功倍。每次在分享结束时，总有一部分同学想长期跟随我学习正确的创业方法论，所以，我后来做了训练营，但训练营帮助的创业者数量是有限的。有一天，一个朋友跟我说："晧宇，如果你能写一本书，就可以帮助更多的人，他们可以看你的书学习，而且不受时间及空间的限制。"于是，我有了写书的念头。

我也是一名青年创业者。2012 年 8 月，我来到南昌创业。那时我没有任何背景、任何关系，我做过业务员和代理，开过中小学生课后辅导班，举办过大学生训练营。

我发现教育行业可以规范人的行为，成就一些人，创造巨大的社会价值。2013年9月，我放弃了所有的创业项目，游学全国20多座城市——北京、上海、西安、厦门等，学习国内先进的教育理念。我投入16万元学费，向亚洲超级演说家梁凯恩老师、亚洲销售女神徐鹤宁老师学习。

2014年9月，我创办了华睿教育咨询有限公司。团队从当初的4个人发展到现在的近600人，公司从当初连续三个月没有任何收入发展到现在单月营业额200多万元，办公室从当初20平方米发展到现在200平方米。在创业的过程中，我们辉煌过，也失败过，有快乐，也有泪水。

到2015年，我总结出一套指导青年创业者实践的方法论——梦想系统。梦想系统是一套激发青年的创业潜能，启迪青年创业思维，提高青年的创业高度，全方位地规划青年个人及企业发展的培训系统。整个系统包括：笔记本、杂志、书籍、特训营、咖啡店、旅游、微官网、APP、酒店、校友会十个领域。我写这本书就是要帮助青年创业者运用梦想系统成长、成才、成功。

创作也让我看到了文字的巨大价值。英国的罗琳女士，24岁时有了创作哈利·波特的念头，32岁时开始陆续推出哈利·波特系列，因此登上福布斯富豪榜，2004年，她的身价达10亿美元。我曾一度认为福布斯富豪榜上都是房地产老板、投资大亨、互联网奇才等商界成功人士，通过罗琳女士，我才知道榜上还有作家。

罗琳女士的创作经历和取得的成就让我感到震撼，她让我看到的不仅是一个富豪的出现，更让我发现文字的巨大价值与力量。可能会有人说，那是策划和营销的结果，但我认为如果不是一部优秀的作品，再成功的策划与营销也无法成就它。她的经历也坚定了我创作的信念。

对一个创业者来说，创作是艰难的，因为每天公司有很多事情需要处理。创业就是不断解决问题的过程，今天的问题还没有解决完，明天的问题又在等你，而创作需要静下心来，要用心去表达，等待读者看到时与读者形成沟通。在写这本书的过程中，我习惯了在忙碌和静心之间切换。

我今年23岁，有朋友得知我要出书，对我说："你还年轻，没有什么阅历，对人生也没有深刻的认识，恐怕书写出来也没有什么人认同你。"我承认，由于"早产"，书会有些不成熟，可能还有各方面的纰漏，希望大家多与我交流，帮助我去完善它。

我坚信，这是年轻人的时代，有梦想，就出发！这也是我写作本书的最初缘由。

目　录

第一部分

第一章　创业源于梦想和无畏

一、梦想与自信让我无法安于现状

马云说："梦想还是要有的，万一实现了呢？"1995年，马云感知到互联网会改变人们生活的方方面面，虽然具体怎样改变他在当时还不能完全想出来，但他确信这是他将来要做的事情。

马云准备从大学辞职创业。辞职前，他邀请了24个朋友到自己家，向他们介绍互联网，用两个小时劝说他们和自己一起做一个互联网企业，结果24个人里有23个人反对，只有一个人支持。虽然没能顺利地说服朋友，但马云还是决定辞职，去实现自己的创业梦想。

马云做教师时每月工资仅89元，但他依然踏实地干了5年，那是他曾对校长承诺过的。他知道外面的世界已经不一样了，所以在完成承诺后离开了校园。马云说，创业一定要做到坚持梦想，我想这也是阿里巴巴集团有今天辉煌成就的重要原因。

我对自己的成长经历也是心存感恩的，那坚定了我追求梦想的信念，所有质疑过我、伤害过我、支持和帮助过我的人，都曾给我追求梦想的力量，他们都是我前进道路上的助推力。

1993 年 3 月 28 日，我出生于甘肃的一个村庄。小时候父母在外面做生意，我在奶奶的呵护下长大。童年的快乐是每天听奶奶给我讲故事，与村子里的小伙伴玩捉迷藏。奶奶说过，我们家的祖籍是山东陈家村，战争年代，太爷爷逃荒到甘肃，我们家族在甘肃的历史很短，包括我这一代总共是 4 代人。

我曾经开玩笑说："如果我出生在山东，现在应该发展得更好。"我对沿海城市的教育环境、商业氛围一直非常向往。沿海城市教育理念先进，人们生活水平高，商业环境好。但当我长大并开始创业后，就不再那么想了，因为我发现梦想的作用远远超过出身、年龄、学历。

我家住在山上，山上小学只有一、二年级，到了读三年级的时候，我每天下山去上学，放学后上山回家，这样的生活一直持续到小学毕业。

虽然条件有些艰苦，但我的学习成绩还算不错。小学毕业考试，我考上了县城的重点初中，被父母接到县城上学。

我读初中时，父母给我的生活费明显高于我的同学，或许因为在我童年时父母对我照顾较少，他们觉得亏欠了我；也可能因为他们太忙，实在没有时间照顾我，所以就多给我些钱，让我的日常生活有着落。我母亲每天忙得连做饭的时间都没有，我一日三餐几乎都在餐馆里吃。有些同学很羡慕我总能在外面享受美食，其实我一直觉得能吃上一顿妈妈做的饭是件很幸福的事儿。

手里的零花钱多，我就开始上网、吸烟、喝酒，并经常出没于旱冰场、麻将馆等娱乐场所。因此，我的成绩直线下滑，从开始时班级的第七名一直下滑到倒数第三名。第一学期如此，第二学期依然如此。生活条件好了，成绩却差了，我和我的父母都不愿意接受这样的结果。

一次期末考试结束后，父母看到我的成绩单，第一次坐下来和我正式谈话。父母的肺腑之言触动了我，我下决心要改变。但当新学期开始后，我发现，这并不是一件容易的事。每次放学回家，我都被同学约去网吧；每个周末想在家看看电视复习复习功课时，又被同学约去旱冰场。久而久之，娱乐变成了一种习惯，好好学习的决心则变得越来越模糊。不学习怎么会有好成绩？虽然明知道这一点，但当我拿到那学期的成绩单，发现某一学科的分数居然是个位数时，我还是无法接受。父母看了我的成绩单，大发雷霆，随后，我又被送到乡下读书了。

来到新的学校，见到新的同学、新的老师，我打算重新开始，改掉一切不良习惯，好好读书。不过，成绩的提高毕竟不是一朝一夕的事情，尽管我努力学习，但是几次考试，我的成绩都排在班级后面，很多同学打击我说："班上又转来一个学习很差的同学。"父母也经常对我说，你看某某家的孩子学习多好。老师也常说："你只要再努力一点点儿，学习就不至于这么差。"当时，大部分人都说我不行，对我没抱多大的希望。我真的不行吗？我要放弃自己吗？我问自己。

第一次，我暗下决心要加倍努力，将来要比有些成绩好的同学发展得更好，也证明给所有人看。我的成绩依然不太好，中考结束后，通过父母找的关系，我进了县城最好的高中。

那是所县城重点高中，在那里，无论老师还是学生，都非常重视成绩，学习成绩不好的学生会被看不起，成绩不好的都坐在最后一排，每个班级都是那样的规矩。班主任老师说："你们可以不学习，但是不要影响别人学习。"

父母经常在我面前夸赞别人家的孩子，说"你看人家学习多好，你要像他那样就好了"。亲戚也经常对我说，要好好读书，将来找个好工作。高二那年，大伯家的孩子考上了县城公务员，被分配去做县长秘书。家族中庆祝，长辈们都对我说要好好读书，考上理想的大学，将来像那位哥哥一样考公务员。

其实，他们给我的考好大学、找好工作的建议，我一直没有听进去，我觉得还有别的路可以走。其实当时我就想成为一个老板，让学习成绩好的同学给我打工，当时我只是有这个想法，并不知道具体应该怎么做。而后来，这个想法在大学三年级时实现了。

我的公司做起来后，一次学校招生，就业处的处长让我回学校做交流。当时他说自己年轻时也有梦想，但被家中事务所累，后来年龄就大了，一直没有实现自己的梦想，感到十分遗憾。听到他这样说，我庆幸自己一直坚持了梦想，并实现了它。

我相信，年轻人的状态就是"初生牛犊不怕虎"，很多人有"会当凌绝顶，一览众山小"的壮志，甚至有"征服世界，改变世界"的志向。

梦想能打破人对未来的恐惧，它像一束光照亮黑暗的房间一样，照亮了人们对未来美好的向往，可以说梦想是好生活的开始。梦想在我心里越来越清晰，我感受到了它巨大的力量，追求它的决心也越来越坚定。

二、一场骗局，让我走上创业之路

2012年冬天，我像往常一样打开电脑，点击浏览器查询资料，突然，页面上弹出"在家创业"的广告。平时页面上也有很多广告弹出，几乎都没有引起我的注意，那天那条则不同。"在家创业"，我当时理解为在家工作，工作就意味着有收入，有收入了我就可以去张家界、桂林……我幻想着。刚好马上就放寒假了，我在家也没有事情做。

我点开了页面，页面上内容介绍非常清楚，从项目规模、公司发展历程、公司的地址和联系方式，到如何加入、加入后可获得多少回报等，很全面。简而言之，我们在家加工圆珠笔，他们回收，按照加工数量公司付给我们一定的报酬。

我觉得这件事情太好了，于是拨通了客服电话。电话那头传来清脆又专业的声音："您好，这里是×××，请问您是有意向在家创业吗？""是。"我回答道。"我们网站上有一张需要客户填写的表格，您下载下来认真填写完以后回传，我们这边的工作人员会联系您。"挂了电话，我按照她所说的，下载了表格，填写了我的意向和需求。

在等待工作人员电话回访期间，我做了项目的计划。加工一支圆珠笔的报酬是0.2元，一个人每天至少可加工500支，0.2元×500支=100元。对，没有错。我找5位同学来我家里一起加工，每天给他们发60元工资，我每天的收入就是：40元×5+100元=300元，我一个月就会有9000元的收入。计算出来的结果更加坚定了我的想法。

第二天上午，我的电话响了，拿起来一看，是北京打来的。我在北京也没有什么朋友，心想：这应该是圆珠笔项目的工作人员。我接通了电话。

"您好！请问您是陈先生吗？"

"是。"

"我仔细看了您填写的资料，经过公司审核，您的资料可以通过，也就是说您可以在家加工。"

"太好了！"

"公司规定，所有客户必须交 3800 元保证金，如果您按照公司的规定严格加工，第一批圆珠笔回收之后保证金就全部退还给您。这个您有问题吗？"

"有……没有，没有问题。"虽然当时手里并没有这么多钱，我还是勉强答应了，心想一个月就赚回来了。

"挂了电话我会把账号发给您，请您一到三个工作日内把款汇到。"

"好的。"

"您这边还有其他问题吗？"

"没有了。"

"好的，祝您生活愉快。"电话挂了。

我当时已经不从家里拿生活费了，3800 元，怎么办？我决定向朋友借一下，等我这个月赚了钱再还给他们。我打通朋友的电话，借到 2000 元，加上自己有的，还差 1000 元。我绞尽脑汁地想谁能帮助我，到最后一天，仍然差 1000 元。我的电话又响了。

"您好，陈先生，我是 ××× 的工作人员，上次我们通过电话，您还记得吗？"

"记得。"

"已经是第三个工作日了，您那边款汇过来了吗？"

"没有。"

"陈先生，是这样子，我们一般资料审核比较严格，很多客户都是不合格的，您这边是有资格。您还有其他问题吗？"

"我还是一名大学生，目前只有 2800 元。"

"我们这边之前也有大学生做过，建议您先把这些钱汇过来，我帮您预定名额，您看这样可以吗？"

我犹豫了半天：可以？不可以？"可以。"我说。

"好的，您汇完款之后，把凭据发给我即可。"

挂了电话，我有些不知所措。这样的机会，我要不要抓住？我问自己。最后我决定抓住这次机会。汇款之后，我继续想办法，两天过去了，只筹到 500 元。

我拨通了电话："喂，我是准备做圆珠笔加工项目的 ×××。"

"您好，您这边款够了吗？"

"暂时没有，可以再等几天吗？"

"您这边现在有多少？"

"300 元。"我还要留 200 元当生活费。

"那您先汇过来吧。"

不对！300 元都要汇过去？我意识到有问题，"我只能先汇 100 元，200 元是生活费。"

"也可以先汇过来 100 元。"

更加不对劲儿，100 元都要？这么大的公司。

"什么时候把原材料发到我家呢？"

"收到款之后就会发原材料。"

"其余的 500 元可以等收到原材料再付吗？"

"不可以，剩下的 500 元要在两天之内付完。"电话挂了。

我心里忐忑不安，感觉事情很蹊跷：为什么这么大的公司，100 元还让我专门汇过去？

第二天，我打电话申请延期。"您好！您所拨打的电话已关机……"

再打，"您好！您所拨打的电话已关机……"继续打，"您好！您所拨打的电话已关机……"

我打开电脑，浏览网站，天哪！网站前几页全部是"×××圆珠笔加工项目是骗人的"之类的内容。有很多人受骗，他们的经历和我相似。直到这时，我才完全相信自己被骗了，同时发现还有很多渴望尝试的人都被骗了。

第一次创业尝试，这样的结果对我影响很大。为什么我会被骗呢？为什么他们会骗人呢？我问自己。我得出结论，被骗是因为我没有社会经验，见识太少。他们骗人是为了生存？我不确定。他们做网站的技术和客服人员的专业程度是没有问题的。我联想到"三鹿奶粉事件""地沟油事件"，没有较高知识水平的人是研究不出来的。这些人可能学历很高，但为什么没有为自己、家人、家乡甚至是国家做贡献呢？我隐约地感觉到这是教育的问题。

那时我想，我应该趁年轻多做事，多积累社会经验，做一些利己、利他、利国的事。因为这样的想法，我走上了创业之路，而且立志做教育行业。赚钱的行业很多，但没有哪一个行业像教育行业那样，能规范人的行为，帮助他人，创造巨大的社会价值。我当时就坚信，做好教育行业的意义是巨大的。

三、主动出击，才有可能胜利

一个人既然决定创业，就要去行动，不能只停留在"想"的层面上。我创业也是从很基础的工作做起的。

上大学的时候，一位学长说可以给我们介绍兼职，我就去找他。他满怀激情地告诉我："做兼职来找我，你算是找对人了，我专门给各高校的学生提供兼职。"听了他的话，我心想：他怎么这么厉害！不由心生了几分崇拜，计划周末和他去看看。

周末，我和几个同学被学长带到八一广场附近，大家都很期待，很想知道自己的第一份兼职是什么。我们还没走进办公室，就感觉怪怪的，周边的环境不像一个公司所在地。进了办公室，感觉更奇怪了，我心想：不是说是一家公司吗，怎么只有两张看起来像样的办公桌，其他都是玻璃桌？

工作人员对我们倒是非常热情，给我们端茶送水，和我们打招呼，问我们来自哪所学校等。当时他们确实态度非常好，但是我想的是：不是来做兼职的吗，怎么像来享受的一样？

聊了一个多小时，我差不多明白了。这家公司的确为各大高校的学生介绍兼职，但学生要先办张卡，一张卡 380 元。我计算了一下，一周做两天兼职 120 元，3 周才能把办卡的费用赚回来，再赚到的钱才是自己的。

我正在考虑要不要办张卡，找份兼职赚钱减轻家里的负担，其他同学已经准备离开了。工作人员仍然在热情地介绍，貌似丝毫没有察觉到我们的反感："在这里办张卡，你做兼职可以赚回来，我们会尽力帮助你……"这时，一个同学拉我离开了。

回学校的路上我还在想：原来他们是这样帮助各大高校的学生介绍兼职的。对学长的崇拜瞬间消失了。回到学校，我想：靠别人不如靠自己。我开始在 58 同城网、在校园的宣传栏上找兼职。联系到对方，我通常会先问一个问题："需不需要办卡？"他们的答案惊人的相似："需要。"这时我才发现，一切都没有想象中的那么简单。

一个偶然的机会，我到学校门口的一家饭店询问老板是否招兼职，老板告诉我："我可以给你提供一份兼职，但是很辛苦、很累，不知道你愿不愿意做？"我连做什么、工作时间多长、兼职工资多少都没有问，就直接答应了，心想：终于找到一份兼职了。老板告诉我："就是帮客人倒茶、端饭，工资每小时3元，每天至少做五个小时。"我当时想：至少每天可以赚15元钱，可以真正做兼职了。

后来，经验越来越丰富，我就尝试做销售、做代理，开中小学生课后辅导班，办大学生训练营。有些同学觉得我的这些经历没什么用，其实这些经历真的帮助了我，让我有了工作和创业的经验，也让我变得更加坚强，最终成就了现在的我。

四、在南昌创业，需要知道什么

我跑遍南昌大部分高校做业务，赚取了自己人生的第一桶金。工作和创业的经历告诉我，成功需要天时、地利、人和等多种有利因素。

我在南昌创业，就是占据了地利的条件。关于在这里创业，我很想告诉创业的年轻人：在足够勤奋的情况下，还要了解如下的信息。

首先，要思考两个问题。第一，大学生喜欢什么？也就是大学生在哪里消费。南昌有40多所高校，100万大学生，每个大学生每月的生活费至少是1000元，每月总共有10亿元的消费额。消费群体这么大，而大学生一般消费是在吃喝玩乐方面，那么找到一款适合他们消费的产品，就能占有庞大的市场。第二，大学生适合做什么？现在是创业的热潮期，一部分大学生非常有想法，不甘平凡，期望在大学毕业前历练自己，积累社会经验，但很多人不知道该做什么。

我有一个朋友，每年暑期带大学生去做招生工作，一个月的纯利润有 200 万元。招生，开发市场，是南昌的创业者能够做的事情。我的很多朋友都是从做教育行业的招生起步，积累了足够的资金后到北京、上海、广州等城市发展或者扩大了公司规模的。

其次，在这个城市创业可以降低你的成本。

我有一个朋友在深圳创业，做互联网，在那里推广成本很高，客户下载一个 App 需要 25 元成本，而在南昌只需要 5 元。他来南昌找我，得知在南昌创业有优势后，立刻决定暂时留在南昌办公。

南昌是一个经济增长相对缓慢的二线城市，一个创业者，在南昌没有任何收入也可以坚持 3 年。这里办公场地的房租较低，消费也不高，有些刚开始创业的人把居民楼简单装饰一下就能办公，在北京、上海、广州则不同。

在南昌，缓慢的节奏给予我们很多机会，也给了我们很多思考与总结的时间。在这里创业，就是占据了地利优势，如果有这个机缘，你可以考虑来南昌发展。

五、有时候，选择大于努力

一次又一次选择的积累，最终演变成结果。在创业过程中，选择不仅仅决定了我们的判断方向、答案以及结果，更把我们带入了创业这件事情的过程。一件事情的过程，也会影响和改变一个人。

有人抱怨："命运真不公平，为什么别人是富人，我却是穷人？为什么别人很幸运，我却很倒霉？"他应该问问自己是否心态平和、顾全大局，有没有想过要创造更大的价值，能不能从这个角度思考问题是一个人能否成功的关键。

如果我选择了一条自学的路，也许我现在什么都没学好，什么都不会。和很多人一起学习这个选择决定了我的发展方向和速度，也会决定我的下半生。但是对一件事情仅仅有一次选择我想是不够的。比如参加一个培训班，有很多人说学不会老师教的知识，掉队了，也有很多人取得一点儿成绩就不再学习了，结果后面又遇见了问题。其实，我们应该问自己是选择坚持还是选择暂时的放弃。如果一个人能够保持正确选择的心态，未来的路走下去一定会很辉煌。

创业中处处充满了选择，我们选择了一个方向，就意味着放弃了另一条路。可能你的选择多数是正确的，但有时候也会有错误的选择。方向错误的时候要能够意识到，也要能看到违背规则与规律的事实，要学会放弃。

选择大于努力——这是我们经常听到的一句话，说明了选择的重要性。在人生中，选择好的行业、好的事业以及优秀的另一半，都是以后去行动或者努力的因。我即便不说选择大于努力，也可以说选择是因，努力是暂时的果；选择就是一，努力就是二。自然的规律是有了一才有二。只有我们选择了方向，并朝自己选择的方向努力前进，才能取得成果。也就是说，你能够做出正确的选择，就意味着你已经走向成功了。

虽然这只是一个励志的句子，但我相信它。成功就在前方，选择是需要下定决心的。我们做了选择，就能看到前面的目标，在行动中遇到挫折，也要坚持下去，只有执着于自己的选择，才能取得成功。

六、不尝试，连碰壁的机会都没有

一部分创业者选择跟随我，因为他们知道会有很可观的收入。但其实在刚开始创业的时候，我也曾一度陷入迷茫。2013 年 9 月，我问自己，做这些业务能维持多久？这样创业到底有没有前景？越想越迷茫，越迷茫越害怕。在情绪最低落的时候，我听了一场创业励志演讲会。

一位大学刚刚毕业的学长，毕业后创办自己的公司，带领 100 多人的团队创业。刚刚起步的我，对这位学长充满了敬佩之情，对他们的状态也无限向往。

整场演讲会充满正能量，他们所传播的是在学校里很难接触到的观念，我在现场深深地感受到了演说的魅力。学长站在台上，拿起麦克风，分享自己的故事，在我眼里他就是"青年领袖"。回到学校，我久久地回味现场的情景，左思右想，决定也要登上舞台。于是，在朋友的引荐下，我找到了这位学长，和他两次交流后，我选择了留下来学习。

回到学校，我开始疯狂地练习演讲。我到学校图书馆借了 12 本关于演讲与口才的书籍。我们学校一张借书卡只可以借 6 本书，我还拿了室友一张借书卡。我不断地阅读，不断地练习。

开始练习的时候，因为怕别人不认可、不理解、不支持，我每天晚上 10 点后去楼顶练习。到了楼顶，首先要环顾四周，如果有人的话，我会假装玩手机。我清楚地记得，有一天，我到楼顶时，有三位同学正坐在一起聊天，聊得很兴奋，我照例拿出手机看。半个小时过去了，他们聊得更兴奋了，我继续看手机。又是 20 分钟。浪费了 50 分钟。在这 50 分钟里，我一直很纠结，于是大声喊道："天好冷啊！"示意我等得不耐烦了，你们快点儿下去吧，可是他们丝毫没有感觉到。

时间过得很快，一个小时过去了，我想：今天一定要突破自我。我鼓起勇气，走到旁边的空地上，想起《世界上最伟大的推销员》那本书中的一些励志话语，用"三最法"——最大声、最快速、最清晰地背诵出来："我不是为了失败才来到这个世界上的，我的血管里也没有失败的血液在流动……"三个聊天的人顿时不说话了。我继续大声背："我永远相信古老的平衡法则，这一次的失败增加了下一次成功的机会，这一刻皱起眉头，就是下一刻舒展笑容……"三个人起身离开了，边走边回头说："这个人肯定神经有问题。"空旷的楼顶成了我一个人的练习场，我战胜了恐惧，更加有能量了，更有激情地练习起来。

自从学习了演讲，我每天都很有能量和激情。你们每天起床后做的第一件事情是什么？我早晨睁开眼睛后的第一件事情是大声地喊出："这是多么美好的一天，充满爱、热情、效益、感恩、力量。"然后感觉一整天精力充沛，信心百倍。记得我第一天喊出这句话的时候，室友们都打击我："有病呀，不睡觉。"第二天，他们仍然说："神经病。"到了第三天，意外的事情发生了，真心没有想到。我正在熟睡的时候，一个室友突然大声地喊道："这是多么美好的一天啊，充满爱、热情、效益、感恩、力量。"我一听，立刻从床上起来了。他们这么快就学会了，其他两个室友也学会了，也坐了起来。于是，我们寝室每天第一个起床的室友，说出的第一句话肯定是："这是多么美好的一天啊，充满爱、热情、效益、感恩、力量。"后来，这句话成了我们寝室的"闹钟"。

在楼顶练习了 10 天左右，我觉得一个人演讲实在没意思，就准备去教室演讲。我清楚地记得，一天晚自习时间，我穿好西装，系好领带，西装革履，向大一上自习的教室走去。

突破自我真的不容易。走到第一间教室门口时，我看到班里的同学在看电视，就没好意思进去。第一，我怕打扰他们；第二，我感觉自己没有电视机的魅力大，怕他们不理我。走到第二间教室门口时，我看到他们静静地在上自习，我怕他们把我轰出来。我又走到第三间教室门口。我看到他们在写黑板报，我怕他们不回到座位上听我讲。继续往前走，第四间、第五间、第六间……一楼、二楼……直到六楼，这时，我耳边传来了一阵美妙的声音，是下课铃声。走了六层楼，经过了每一间教室的门，我没有突破自我。回到宿舍，我抱着被子感受那种痛苦，心里有一个声音在说：这点儿勇气都没有，怎么能站上舞台呢？我不甘心，决定第二天再去尝试。

我突然想到，自己经常做业务，一对一的沟通能力还可以。我找到一个班的班长，告诉她："我现在到每个班级做分享，可不可以到你们班级去一下？"她直接走进班级，对全班同学说："有一位学长现在到我们班来分享他的一些心得，大家鼓掌欢迎。"在热烈的掌声中，我走上了讲台，讲了 40 分钟。讲完我跑回宿舍，兴奋无比，这一次我真的突破了。

经历了第一次演讲，实现了"从 0 到 1"的突破，后来我又到各班级、各社团去分享。这些经历为我在各大高校"分享"奠定了基础。那些经历让我能站在台上游刃有余、淋漓尽致地表达自己的想法。

其实，我们每个人最大的敌人就是自己，是内心的恐惧，有些有挑战性的事情，我们还没尝试就被内心的恐惧打败了。我们每天会遇到很多困难，大部分人被困难战胜了，而只有那些战胜困难的人才拥有了最精彩的世界。尝试，可能会碰壁；不尝试，连碰壁的机会都没有，又何谈成功？

我们要敢于尝试，尝试新鲜事物，尝试改变，这样才能成为最好的自己。尝试就要承担一定责任，受一些委屈，不过这些都是暂时的，尝试的失败是暂时的，不尝试的失败则是一辈子的。只有坚定信心，勇于尝试，才能成就更加优秀的自己。

七、万人"走火"大会，彻底激发了我的潜能

2014 年 1 月 8 日，我收到一个朋友发来的 QQ 消息，在简单的对话中，得知两位中国培训界的巨星要在武汉举办一场打破吉尼斯世界纪录的万人"走火"大会。我决定去参加，并写下了要去参加的十大理由，写的过程更加坚定了我的信念。

参加的十大理由：

1. 热爱演讲。

2. 投资学习。

3. 突破恐惧（突破人生三大恐惧之一——"走火"）。

4. 结交志同道合的朋友，拥有高端人脉。

5. 放大格局（目睹万人场景）。

6. 支持中国（破纪录不代表个人，代表国家）。

7. 吸收偶像的能量。

8. 触摸自己的梦想（梦想之一——站在万人舞台上演讲）。

9. 考验生存能力（带 200 元学习四天三夜）。

10. 脱胎换骨，改头换面。

写于 2014 年 10 月 8 日

一个决定、一个人、一个包、一趟列车，我到了武汉。我早早赶到体育馆，只有几位工作人员到了，天虽未亮，但工作人员热情高涨。他们跟我击掌，给我拥抱，就像好久未见的朋友，瞬间融化了我对那座城市的陌生和对"走火"大会的恐惧。

体育馆旁边的一个侧门已打开，借着点点灯光，我走了进去，一直走到舞台上，隐隐约约能看到很多座位。我站在空旷的舞台中央，大声喊出自己的梦想，声音在空阔的场地上回荡。在那里，我第一次触摸到自己万人演讲会的梦想。

人越来越多，来自全国各地的有梦想的朋友聚在一起，那是一场前所未有的精神盛宴，一次不可思议的潜能激发活动。一个小时后，体育馆里人山人海，座无虚席，可以感觉到每个人的体内都有即将爆发的能量与激情。

在追梦者的期盼中，主持人上场了。掌声、尖叫声、呐喊声不断，我也兴奋得喊了起来。在舞台灯光的映衬下，舞台上的主持人光芒万丈、无懈可击。

一个上午，四个小时，我们不断地改变肢体动作。主持人说，这是"走火"前的准备，要让我们热血沸腾，能量增加，把所有的恐惧置之度外。

四个小时的训练，每个人都达到了巅峰状态，即将挑战一场"走火"大会。

听到主持人的口令，浩浩荡荡的队伍走出了体育馆。远处熊熊的烈火在燃烧，天空中有浓浓的烟。"不可思议，怎么走过去呢？""天哪！曾经在媒体上看到这样的场面，今天亲眼目睹……"大家都在谈论着。队伍越走越近，前面已经有人叫了起来，有些女孩吓得躲到了队伍后面。

我们的队伍已经到达火道旁，火红的煤炭垒成足足三米多长的火道。这时，有些人脸色发青，我也有点儿害怕了。马上就轮到我们这一队了，我前面有五个朋友，大家都把鞋子脱掉了。

第一位是个勇敢的青年，走在队伍的最前面，他信心百倍。教练问："你准备好了吗？"他答道："时刻准备着。"教练把他推了上去，他"哇""哇"地叫了起来。这时，第二位朋友的双腿在发抖。教练问："你准备好了吗？"他答道："时……时刻准备着。"然后就上了火道。第三位朋友是一个胖子，教练没有问，直接推了上去，但是推不动，胖子自己摇摇摆摆地走了过去。第四位，是一个女孩儿，早吓坏了。教练问："你准备好了吗？""我不敢，我不敢……"她一边叫一边跑了过去。

轮到我了，我当时想，教练到底会不会问我？正在思考，一只手伸过来一推，我跑了上去。脚底感觉微烫，走过去扳起脚来一看，根本没事。突然，所有的恐惧都消失了，这么难的事都做了，还怕什么？在回体育馆的路上，后面的朋友问我："怎么样？""很好玩儿，很好玩儿，快去啊！"其实，我当时脸也吓青了。

经历了"走火"大会，想想自己遇到的困难，当时想放弃，想逃避，其实，没有什么过不去的，战胜困难只在一念之间。回到南昌，我心里没有了恐惧，完全发挥出了自己的潜能。很多人就是因为恐惧，今天的事情推到明天，这周的事情推到下周，这个月的事情推到下个月，今年的事情推到明年，就这样白白浪费了时间。

这场大会打破了吉尼斯世界纪录，在认证官宣布的那一刻，我深深地为自己参与其中而感到自豪。一件事情能为国家争光，也能帮助来自全国各地有梦想的朋友，当然是很有价值的。这场"走火"大会也激发了我对举办万人演讲会的渴望，也因此，我的创业迎来了转折。

八、创业不是赢在起点，而是赢在转折点

令很多朋友羡慕的创业，各地游学，在各大高校做巡回演讲，实现最初的梦想，这是很多人都想做到的。

一直不安于现状的我，喜欢尝试与挑战，也经常告诉自己，要以终为始；没有新的体验、新的思维，这是我完全不能接受的。

有一天，我听说一位好朋友邀请亚洲首席演说家梁凯恩老师在武汉举办了一场万人演讲会。这件事情引起了我的注意，我也非常想挑战，这也正是我在武汉万人"走火"大会后想要完成的事情。我立刻拨通了朋友的电话，交流了半个多小时，这位朋友对于万人演讲大会现场的描述让我热血沸腾，也更加坚定了我举办大会的信念。

朋友介绍我认识了一位江西知名的企业家，她赞助了武汉万人演讲大会，也想在江西举办一场。经过交流，我们决定共同筹备这件事情，我的职责是组建团队，这位企业家负责赞助和安排万人体育馆。

快速组建青年团队是我的优势，我以前到过很多学校做分享，每次结束后都会吸引一批粉丝，所以我仅用4天时间就邀约了120人加入"南

昌万人演讲会筹备会"。这 4 天，对我来说非常有价值和意义，我发现自己的每个细胞都在颤抖，邀约到晚上 12 点还不觉得累，释放了年轻人与生俱来的能量，用现在大学生的口头禅来说就是："太爽了！"

在组织会议时，我邀请了江西省知名企业家及中国大学生目标社总教练、江西恒大的胡总，他们都是万人演讲会的赞助者。在会议现场，总教练为我们描绘了万人活动的蓝图，并播放了在其他城市举办活动的视频，我看到了那些激动人心的场面，也看到很多喜欢演讲的青年参与其中。我一想到自己站在舞台上的情景，就会兴奋不已。

整场活动从策划到组织、执行，都非常完美。会议结束后，我与现场的企业家嘉宾共进晚餐。他们非常看好我，其中一位姐姐与我交流了很多，给了我很多启发与建议，她后来也成了我生命中的一个"贵人"。通过和他们接触，我感觉到成功的人都很谦虚、低调。

临近暑假，我的"贵人"带着我到全国各地学习先进的教育理念，包括梦想系统。至今，我研究梦想系统已经两年多了，我认为，这套系统虽仍需完善，但对每一位青年创业者却是有极大启发的。所以，我想通过举办青年创业训练营、出版图书、游学等把这套学习系统传播给更多的青年创业者。

那次会议，是我创业的转折点。

九、游学后创办公司，不断创造奇迹

2014 年 9 月，我回到南昌，在留恋外面的精彩世界时，也对自己的现状不满。我认为，一定要先改变现状，再去看外面的世界。我利用两个月时间在外面学习了先进的教育理念，也了解了本地的一些教育元素，我决定再次创业，并选择了在教育行业实现我的理想。

我认为，创业要做好策划，学以致用，坚持到底。当时我满腔热情，相信一定可以通过创业改变现状，但是并不知道具体要怎样做。我找了几个朋友，坐在学校的食堂里对他们讲未来的规划与愿景，看着他们的表情，我知道，他们被我吓着了，因为其实我自己也并不完全知道未来是什么样的。第一次讲的效果不理想，我总结了经验，决定再讲。第二次，他们开始点头了。第三次，一拍即合，创办了第一家公司。

困难的背后一定有很多别人看不到的精彩，因为很多人跨不过去的坎儿你跨过去了。筹资金、租场地、购买办公用品、注册，一个月后，公司的雏形有了。组建好团队，一场艰辛、漫长的创业历程开始了。

起初，连续三个月，公司的伙伴没有工资，没有提成，我也不例外，因为根本没有业务。创业刚开始，我们受到很大打击，但伙伴们依然坚持努力，他们相信一定能成功，这让我非常感动。

熬了三个月，到 2015 年，公司有了一些转机。3 月的单个项目，即青少年辅导，众筹到近 20 万元人民币。这说明我们创造了价值，客户认可了我们，团队成员的脸上露出了笑容。我们的喜悦，是经历艰辛后的喜悦。正如歌词里写的，"阳光总在风雨后"。项目众筹起来后，我组建了更大规模的团队，公司成员每天夜以继日地工作也不觉得累，也许这就是梦想的力量。又过了三个月，在招生启动大会当天，现场来了近 600 名青年创业者。那是华睿历史性的一刻，我们真正迎来了令同行刮目相看的成功。

那一刻，证明我们的选择是对的。青少年辅导项目随后上线，在福建三明，江西抚州、萍乡、吉安，湖南浏阳，各地都有华睿人的身影。有些团队凌晨一点还在贴海报，在县城、镇上忙于青少年文化辅导教育的招生。15 天的招生时间，我们再次创造奇迹，人数突破 5000。团队规模越大，员工越努力，我越感到责任重大。公司半年时间的发展，超出了我的想象。

有一个观念非常重要，那就是不要高估自己一个月能完成的，也不要低估自己一年能完成的。7 月，我们的单月营业额突破了 200 万元。奇迹出现了，烈日与风雨都没能阻挡我们前进的脚步。

9 月，公司搬到面积达 200 平方米的办公场地；10 月，公司被江西省政府授予"江西省最受职业经理人推崇的教育咨询服务机构"称号；11 月，受到第 12 届中国教育家大会邀请；12 月，我们举办了江西省最大规模的大学生返乡创业活动，政府及媒体给了很大的支持。2015 年，又是创造奇迹的一年。2016 年，我们要带领更多青年创业者创造奇迹。

第二章 创业是一种精神

一、抓住机会，才能赢在第一步

井底之蛙为什么觉得天只有井口那么大？很简单，其实不只是青蛙，在井底的任何动物，看到的天都是井口那么大，这是由它本身及所处的环境决定的。创业需要合适的环境，创业者要了解所处的时代与大环境，顺势而为，才能事半功倍。

2014年9月10日，李克强总理在夏季达沃斯论坛上首次提出"大众创业、万众创新"的口号，要借改革创新的"东风"，在960万平方公里的土地上掀起"大众创业""草根创业"的浪潮，形成"万众创新""人人创新"的新态势。2015年，李克强总理在政府工作报告中又提出：推动大众创业、万众创新。

国家出台了政策以后，各地政府都在积极推动创新创业，围绕"双创"开展一系列活动，例如：双创周、双创节、双创季，还有双创村。扶持创业者开咖啡店带动氛围，建立就业创业孵化基地服务创客，打造创业产业园支持创客，还给予资金上的支持和精神上的鼓励，大学生的机会来临了。

互联网时代已经到来，传统企业面临转型，不转型等死，转型怕死。不过，传统企业很难在短时间内接受互联网思维。

我的一个朋友，20多年前在南昌中山路投资200多万元开了一家服装店。她对服装的设计、面料的认知等非常专业，生意一度非常红火，但是当淘宝网等一些线上的平台出现后，她的经营受到很大影响。她曾经看不起网上的订购，但是互联网普及后，她的实体店面临倒闭，她不得不承认网络购物是大势所趋。她开始和年轻人在一起，学习互联网知识。她时刻关注对互联网非常熟悉的群体——大学生，希望自己能够尽快适应。时代在变，企业也要尝试吸纳人才，培养人才，孵化人才。

有些实力雄厚的企业一时无法解决自己的转型问题，于是开始给创业的年轻人投资，通过投资年轻人的创业项目去创新。

宏碁集团是全球知名的PC制造商，宏碁电脑的创始人施振荣，年长的时候"玩"了一个游戏，一天投资一家新公司。一年之后，他共投资365家公司；给每个公司投资大约25万元人民币，占51%的股权。这些公司都是大学生创办的，算下来，一共投资7000多万元人民币。

很显然，这365家公司的经营不一定都能取得成功。但是没有关系，因为签约的时候讲得很清楚，一到两年如果创业者没有取得好的业绩，投资人就认赔出场。投资人知道，大学生很聪明，国外很多超级创业者都是大学生，比尔·盖茨、乔布斯等都是大学时开始创业的。投资人也是很聪明的，所投资的企业如果有一半存活下来，或者只有10多家做得非常好，他后半生就靠这10多家公司也能过得很好，因为他拥有100多家公司的股份。

最近几年，大学毕业生人数在逐年增多：2010年应届毕业生约630

万人；2011 年毕业生人数约 660 万；2012 年则已经高达 680 万人；2013 年高校毕业生达 699 万人；2014 年高校毕业生达 720 万人；2015 年高校毕业生已经达到 749 万人。

每年这么多毕业生，就业率到底怎么样？有调查结果显示，很多学生毕业后心态不好，适应环境能力差，高分低能等，这些现象导致他们找不到工作，或找到不合适的工作，很快"失业"。然而，创业浪潮的到来，使创业带动了就业，创业创新正是高校的需要之一。

政府、企业、高校共同推动大学生创新创业，一批先知先觉者已经走在创业的路上，还有一批觉醒的大学生蜂拥而上，当然，还有一些人在沉睡中。机会来临时，总是少数人能看准趋势，抓住机会，赢在第一步。

2014 年 12 月，教育部颁发《关于做好 2015 年全国普通高等学校毕业生就业创业工作的通知》，要求高校建立弹性学制，允许大学在校生休学创业。

教育部鼓励大学生休学创业等政策一经发布，立即引发社会的高度关注和热议。当年的应届毕业生、在大学期间就已经创办公司的张同学第一时间在她的微信朋友圈里转发了这一消息。她的观点是，教育部都发文允许大学生休学创业了，现在创业应该不算不务正业。她在大学期间开办公司的举动曾遭到父母反对和一些老师、同学的非议。

一位大学生家长，也是一名教育工作者的王先生认为，教育部鼓励弹性学制，鼓励大学生休学创业，有利于补充现行高校教育体系的不足。大学生在校期间切实参与到社会实践当中，去创业，可以了解自己所学知识的不足，将来回到学校再继续完成学业，才能有的放矢，学习更有目标，也可以缓解大学毕业生持续增加引发的就业压力。

浙江大学是在大学生创业实践中先行一步的学校。该校新闻办称，学校现已形成"创业培训—创业竞赛—创业交流—创业孵化"全过程的创业教育机制，开设了30多门创业教育课程，占通识课程的15%左右。

当然，也有很多人对鼓励大学生休学创业有异议。广东创业谷天使投资管理有限公司创始人梁云锋就是对此持有不同看法的人。他的观点是，创业值得鼓励，但要因人而异。

在梁云锋看来，创业是有条件的。首先，创业者要具备某些方面的特长或技能；其次，创业者要有强烈的创业意愿和抗风险的能力；最后，创业者还应该有创业导师的指导。否则仅凭一腔热血和充足的干劲并不能解决创业问题，还很有可能把爸爸妈妈的钱都"套"进去。并不是所有人都适合创业，大学生拿着父母的血汗钱去创业，把这些钱砸进去，却没有回报，会导致"因创致贫"的结局。

另有一位大学生家长的观点是，大学生本来就是一个耐不住寂寞的群体，学校里和社会上不断有人拿财富神话来刺激这些年轻人，谁还有心思潜心钻研学问和搞乏味的研究？多数家长并不愿意孩子没完成学业就去创业，毕竟大学期间是增长知识、积累底气的过程。知识和技能的积累仍然是至关重要的，否则送孩子上大学干什么？

教育部也发言，从2016年起，所有高校都要设置创新创业教育课程，高校要通过合作、转让、许可等方式，向高校毕业生创设的小微企业优先转移科技成果。

2014年9月，我准备休学创业，因为一个人的时间和精力是有限的，学业和创业，我无法兼顾。于是与父母商量，他们同意我休学创业。但是，学校却不同意我休学，最后我以生病为由休学。休学创业的前三个月，公司的营业额是零，我有些动摇了，问自己这样做到底值不值得。

12月，教育部颁发通知，坚定了我的信念。此后，我的团队从当初四个人发展到现在近百人，营业额从当初的连续三个月没有收入到现在单月突破200万元，办公面积从当初的20平方米扩大到现在的200平方米。我的创业见到了成果。

创业不仅需要魄力，还需要系统地学习。正如王利芬在一条微博里所说的那样："文艺青年、技术青年、科学青年这几种人与商业的距离比他们想象的要远太多了，有时就是壕沟，而且深不可测。商业青年真的是另外一个物种。"

教育部一次又一次地发文，创业氛围越来越好，一些高校学生纷纷投入创业大潮。

二、学海无涯，创业的海洋无边无际

创业的热情虽然重要，系统的学习也是不能少的，它能提高创业的成功率。关于创业，我注意过很多人的观点，他们的表达让我受益匪浅。

雷军认为："创业就是干别人没有干过的事情，干别人干过了但没有干成的事情。创业者要能够挑战权威，颠覆现有规则，这才是成功经验。"

刘强东认为："你可以采取一切合法手段去争取一个有利于你的游戏规则，但是绝不能不按规则出牌。"

周鸿祎认为："如果你敢向自己承诺，愿意拿出人生最黄金的10年、15年，甚至更长的时间，决定玩这个游戏，愿意损失生活乐趣，甚至可能付出健康，这就是创业。"

丁磊认为："人生是一个积累的过程，你总会摔倒，即使跌倒了，你也要懂得抓一把沙子在手里。"

创业是对自己所拥有的资源，或通过努力获得的资源进行优化整合，创造更大经济或社会价值的过程。杰夫里·提蒙斯所著的创业经典教科书《创业创造》对此是这样定义的：创业是一种思考、推理结合运气的行为方式，它为与运气带来的机会所驱动，需要在方法上全盘考虑并拥有和谐的领导能力。我认为，青年创业是把资源、人脉、能力等转化为价值、最终实现梦想的过程。

每个人对创业都有自己的理解。总之，创业也是一门学问、一种历练、一种精神。"学海无涯"是指学问的海洋无边无际。创业的海洋和学问的海洋一样没有边际，当你准备创业时，需要慎重考虑，一旦你走上了创业之路，就很难再选择就业。

关于创业，我们要学习些什么？对此我做了一些总结。

三、关于创业，什么是最关键的

（一）创业动机："为什么创业"比"创业做什么"更重要

"为什么创业"比"创业做什么"更重要，为什么"创业"是原因和基础，"创业做什么"是过程。只有当你明白自己为什么要做一件事情时，你前进的动力才是自发的，不需要别人经常鼓励。我们经常看到很多员工，领导安排什么任务，他就完成什么任务，因为他不知道做这件事的动机，所以常常达不到领导的目标。

给大家讲一个小故事。有三个人想要学习武功，第一个人叫大胖，第二个人叫小瘦，第三个人叫中等。他们去少林寺找到方丈，方丈问："大胖，你为什么学习武功呢？"大胖说："我想减肥。"方丈又问："小瘦，你为什么学习武功呢？"小瘦说："我想强身壮体。"方丈接着问："中等，你为什么要学习武功呢？"中等说："我的家乡经常遭到土匪抢劫，村民们被这群强盗欺负了10多年，我想报仇。"方丈听完后，告诉中等，你可以跟我学习武功。数年之后，中等果然成为了武术高手。我想，这个故事的寓意大家都能够理解。

动机对一件事情的成败非常关键，创业也是如此。大众创业、万众创新时代来临，我要创业；不甘平凡，我要创业；朋友看好我，我要创业；马上毕业了，我要创业等，都是创业的理由。创业的理由有千千万，你的梦想越大，你的动力就越大。所以，在某种程度上，"为什么创业"比"创业做什么"更重要。

我为什么创业呢？起初是因为老师、朋友、父母都不看好我，我想证明给所有人看。走上创业之路后坚持不放弃是因为：我曾经换了7所学校读书，原本我以为自己只能读到初中毕业，因为学习成绩太差，而且还影响其他同学学习，让他们成绩也受影响；原本我以为我只能去打工，每个月收入微薄；原本我以为亲戚、朋友都不看好我，因为在他们的观念里，学习不好就没有前途。没想到，我读了县城最好的高中，最后还进了大学校园。在大三的时候，我创办了自己的公司，单月营业额可以突破200万元。所以，我相信坚持的力量。

我要感谢我的妈妈，今天我所取得的成绩，都源于我妈妈做的一个决定：无论怎么样，一定要让孩子读完大学。我好几次想弃学，逃学的次数更是数不胜数，妈妈只是说，你只要坚持在教室里坐下来就可以了。这句话我听进去了，初中整整坐了 3 年，高中又坐了 3 年。上大学的时候，我开始懂事，知道妈妈非常不容易，很想给家里减轻负担，所以一直坚持创业。

每次在创业低谷、想放弃的时候，每次面对挫折的时候，我总会想到妈妈的爱，这是我持续不断地走下去的动力。后来，父母看到我事业发展还不错，对我也很放心了，这也是我很大的动力。

我到很多高校去演讲，发现很多大学生非常迷茫，无所事事，眼睛里没有一点儿光。作为一名学生创业者，我非常了解大学生需要什么。他们需要给自己制定短、中、长期的目标。在高校做"梦想引爆创业潜能"的演讲，开设关于梦想的课程，我发现参加过的学员变得更有激情，更有梦想，这也坚定了我把这件事情做下去的信念。

（二）创业项目与产品：市场是检验产品好坏的唯一标准

我们知道为什么做，自然而然就会知道做什么。我见过很多大学生，从大一开始创业，摆地摊、发宣传单、做校园代理等兼职。我当初也一样，在锻炼的过程中积累经验，结交朋友，筹措资金，找到适合自己发展的项目。选择创业项目也是非常重要的。选择有前景的也可能会盈利少，选择前景不好的反而可能会盈利多，这就取决于创业者的选择。

很多世界 500 强的企业都是创业者在大学期间创办的，大学生创业者的能力不容小觑。包括前面讲到的，宏碁电脑的创始人施振荣曾经每天投资一家公司，投资了一年，每家公司都是大学生创办的，这正是因为他看到了大学生的发展潜力。

选择有前景的项目，一定要做好资金周转方面的准备，也要做好负债的准备，有时候可能连工资都不能发放。马云也讲过，小公司一般是先生存下来，再谈发展，建议选择能盈利的项目。在发展的过程中，你的阅历、经历、经验、能力都在提升，有了一定的基础，再转向有前景的项目。你的项目既能盈利又有前景是最好的，但这种情况比较少。

初创者一般会先考虑团队、商业模式等，其实首先应考虑项目或者产品，明确了产品，再看产品有没有市场需求。对市场需求的判断，也是把产品投放到市场上，看到了反馈信息才有结论，不能自行判断。

我看过这样一则报道，大部分青年创业者失败的原因是放大了未被验证的商业理论，甚至可能将其当成结论使用。要避免这种情况，可通过做市场调查和投放小部分产品做试验。小米起初也是不断接受客户的反馈，然后不断完善产品。线上的平台反馈速度非常快，有问题公司立刻调整，所以产品的质量非常好。

明确产品之后就是组建团队，在有市场的区域开发。随着团队人数越来越多，企业规模越来越大，就要有成套的管理系统，有具体的业务流程，而且要做好成本和营业额的计算。

关于项目与产品的总结概括，可以总结为如下关键信息：产品—市场需求—人才—管理系统—营业额—利润。

（三）创业合伙人：价值观与信任最重要

就像马云找到了"十八罗汉"，其实，每一个成功的领军人物背后都有强大的团队支持。

有一个人叫兰斯·阿姆斯特朗，是世界上最具天赋的运动员之一，由于其超人的运动能力，他被称为"大自然的奇迹"。他所从事的体育项目——山地自行车是最消耗体力的运动项目之一。他惊人地取得了环法自行车赛的七连冠，这一自行车赛的运动量可以与在 20 天内连续跑 20 次马拉松相提并论。车手们要在三个星期内完成大约 3218.68 千米的赛程，其中包括很多崎岖不平的山路。在最艰苦的比赛日，车手们每天需要吸收 10000 卡路里的热量来补充身体所需的能量。

显然，很少有人能够达到阿姆斯特朗的水平。他的天赋更超出常人，决心坚定，训练方法让人无法匹敌。然而，如果没有优秀的合作伙伴，他可能连一次环法赛冠军都无法赢得。他拥有非常优秀的合作伙伴，其中包括他的教练克里斯·卡迈克及前赛车手约翰·布鲁尼尔，他是团队的运动指导和主要战术谋划者。这两个人都是不可或缺的人物。最初，阿姆斯特朗倾向于按照自己的方式训练，但是效率并不高。他采用自己的战术，结果严重失败。一旦团队的这两个核心成员各就各位，他就能把自己惊人的天赋发挥到"极致"。

我在创业初期，非常幸运地遇到了合作伙伴——曹鹏和龙军。我擅长规划公司未来，建立系统，寻找关键性人才，控制风险；曹鹏擅长商业模式的创新，网络运营体系的建立；龙军擅长制定制度、做执行方案等。我们合作，工作效率非常高。

《西游记》虽然是文学作品，但其中团队的完美搭档也是堪称典范的，唐僧坚定"创业"方向——西天取经，悟空武艺高强——保驾护航，八戒好吃懒做——调节氛围，沙僧忠厚老实——善做后勤。成功是团队共同努力取得的，并非一人之功。当然，商场中也有很多失败的案例，合伙人开始时因兄弟感情凑在一起创业，股份平均，权利平均，团队群龙无首。久而久之，规划执行不到位，没有业绩，问题扩大，轻者好聚好散，严重者伤害兄弟感情。也有这样的案例，起初合伙没问题，一年后，股东成长速度跟不上负责人，价值观慢慢出现分歧，只好分道扬镳。

选择合伙人应该考虑这样几个问题：

价值观是否相同？

互相是否 100% 信任？

优势是否能够互补？

每个人是否具备独当一面的能力？

（四）创业团队：做事有人气，才会有财气

俗话说"一个篱笆三个桩，一个好汉三个帮"，古今中外无一人单独能称王。只有团队协作，齐心协力，才能获得成功。刘邦用张良、韩信、萧何，得以创建帝业；刘备用孔明、关羽、张飞、赵云，成为"三足"鼎立中的"一足"势力；唐三藏一路上有孙悟空降妖伏魔，猪八戒、沙僧的协助，才取得真经。

团队对领导人来说至关重要。2012 年经济年度人物颁奖典礼上，马云与王健林豪赌一个亿。马云认为，"在 2022 年，电商市场份额会超过传统行业"。王健林则认为，"在 2022 年，传统行业的市场份额会超过电商"。

他们为什么如此坚信自己的选择呢？是因为背后有强大的团队作支撑。在创业初期，做事有人气，说话接地气，才会有财气。"人气"即团队人数达到一定程度，在有基数的前提下，选择优秀人才培养，在优秀人才中选择独当一面的管理者。

组建团队的核心：

招聘人才；

培训——企业文化与业务技能；

管理——晋升与薪酬体系。

（五）创业中的成长：趋势过了，摔死的仍然是"猪"

"大众创业、万众创新"的口号提出后，全国各地掀起了创新、创业浪潮，在校的大学生积极响应。在这个背景下，你思考过为什么"大众创业、万众创新"的时代会到来吗？我个人认为，应届大学毕业生逐年增多，创业能带动就业。

在这个过程中，我想到一句话，雷军说："趋势来了，猪都会飞起来。"马云却说："趋势过了，摔死的仍然是猪。"用这两句话来解释我们目前的创业状态最适合了。很多青年创业者响应国家的号召，在当地政府的支持下积极创业。一年后，发现同一批创业的伙伴有一部分已经被淘汰了；两年后，这些创业者又少了一部分；第三年，发现剩下的已寥寥无几了。

我有一个朋友，在北京读书，2015 年 6 月毕业。她毕业后，在深圳注册了自己的公司，因为是互联网旅游公司，所以在昆明运营，家里拿出 10 万元资金支持她创业。由于她刚刚毕业，没有管理经验，不到半年，创业就陷入了困境，资金也用完了，公司面临倒闭。她来南昌找到我，希望我能帮助她。

听完她的创业历程和规划，我非常惊讶，她的逻辑思维和理论体系非常不错，但实践经验极少，毕竟，好的方法论在现实中也要灵活运用。

一切都是个人的问题，加快自己的成长速度，让自己迅速强大起来，这是每个创业者都应该做的。

张天一，北大硕士研究生，靠一碗来自家乡湖南常德的牛肉米粉创业，他的创业故事激励着千千万万的青年创客。家喻户晓的煌上煌，只卖一只鸭子。其实，最重要的不是做什么，而是谁来做。事在人为，只有不断让自己成长、历练、强大，事业才会蒸蒸日上。

对初次创业者来说，我认为以下几点非常重要：

1. 规划时间

只要学一点儿历史，我们就会知道，地球有 40 亿年的历史，曾经是一团气体，逐渐演变成现在的样子。我们谈地球历史的单位是百万年，因为没有百万年，一块石头无法形成，一座山脉也无法形成。人类有文字记录的历史有几千年，人活百年，也不过 3 万多天。说到这里，我们都知道生命是非常短暂的，大家应该都能意识到生命有多么宝贵，所以我们一定要抓住有限的时间，发挥无限的价值。

有一个人叫方励，2014 年，他的演讲《感谢你给我机会上场》在网络上被疯狂转发，点击量过亿。他用热情鼓舞无数年轻人勇于追寻梦想。他同时经营了 13 家科技类公司、8 家影视传媒类公司。他每天只休息四个小时，网友们用"精力旺盛"来形容他。他就是一个非常会规划时间的人。

我也十分重视时间的规划。每天离开公司前，我会把第二天要做的事情写在专门的笔记本上，刚开始，每天只能完成 6 件事情，后来，每天可以完成 20 件事情。我发现，合理规划时间之后，现在一天的工作效率比之前两天的工作效率还要高。

2. 勤于思考

在成长的过程中，我们有时候会很迷茫，每个人都是有瓶颈期的，有时候几天就可以突破瓶颈，有时候要一个月，甚至半年。而迷茫时最需要的就是思考。

孔子说："学而不思则罔，思而不学则殆。"成长的过程就是学习的过程，在这个过程中一定要学会思考。今年的生活是我们三年前思考和选择的结果，三年后的生活是我们今天思考和选择的结果。马云在一次演讲中说，今天的阿里巴巴是我们 15 年前思考的结果。

3. 发现兴趣

在成长的过程中，我们要懂得找到自己的优势，也就是我们对什么有兴趣，擅长什么。之前我的很多老师都告诉我，做事业一定要选择自己感兴趣的，你才能坚持下去，因为创业艰难。直到今天我才真正地明白，孔子所说的"知之者不如好之者，好之者不如乐之者"这句话的真正含义，就是说找到学习的乐趣最重要。

4. 不断成长

公司领导者成长的速度决定公司的发展，只有领导人不断成长，公司才有创造力和创新力。很多企业领导者喜欢到外面寻找资源，却不知道让自己变得更强大来吸引资源。其实，只要自己足够强大，自然就会吸引来资源。

5.财务管理

花钱比赚钱更重要。我曾经看到罗伯特·清琦的一个观点：他有两个爸爸——穷爸爸和富爸爸。穷爸爸教他好好读书，长大之后找个好工作，找到好工作好好赚钱，赚到钱好好生活。富爸爸教他在读书的同时，多参与商业活动，有了能力好好赚钱，赚到钱之后好好投资，再赚更多的钱。

很多创业者赚到第一桶金之后先买车，中国人爱面子，这种做法很符合传统价值观。其实，车是贬值的奢侈品，而且贬值很快。李嘉诚当年赚到第一桶金时选择了投资工厂。谁都会花钱，有些人之所以钱越花越多，就是因为善于投资。大部分不懂财务管理的人，没有记账的习惯，每个月收入与支出都算不清楚，更分不清楚资产与负债。

我们应该留心生活中的财富，写作也是创造财富的一种方式，写一本好书，出版社会免费给出版，还付给你版税。房产更是常见的财富，知识产权也是我们应该重视的财富。

关于财务管理，我的建议是：分清个人消费与创业的费用；增加收入与资产，减少支出与负债。

第三章　就业时你应该知道的那些事儿

一、就业难在哪里

我参加过多次招聘会，包括校内小型的、人才市场大型的。只有亲临现场，你才能感受到就业的危机。我曾经想：校内的大学生为什么没有压力呢？我觉得，带他们去几个地方，他们会更加热爱自己的学习环境。

这几个地方是：第一，大型招聘会现场。一家企业每天收到少则几百份、多则上千份简历，企业只有 5—10 个岗位而已，其他简历全部成为废纸。第二，边远山区的小学。这里的学生好几年才换一个新书包，冬天时穿的衣服不够用，教室里的桌椅残缺不全，没有暖气，甚至火炉都是半冷不热的。第三，养老院。老人们连吃饭都比较困难，更不要谈其他的。只有经历或目睹了艰难险阻，方可感受到岁月之美。有一次，我在南昌大学与一位朋友去他的教室上课，我发现坐在教室里就是一件幸福的事，没有顾虑，没有压力，但是这种感觉只有经历了一番曲折后才会拥有。

浙江宁波有一家餐厅，服务员是机器人。你进门的时候，它会对你说："您好，欢迎光临。"你吃饭的时候，它会跳舞助兴。机器人已经开始取代人做一些简单的工作，那么想就业的人是不是都会有些危机感呢？

二、初创事业时，要做到哪些

（一）找到好环境

孟母三迁的故事大家应该都听说过：孟子小时候很贪玩儿，但他的模仿能力很强。他家住在坟地旁边，他经常学习别人哭拜，孟母认为这样不好，就把家搬到了集市旁边。孟子开始学习别人杀猪、吆喝，孟母认为这个环境也不好，又把家搬到了学堂旁边。孟子学习礼仪和知识，通过自己的努力，取得了巨大成就。

不仅孟子会受环境影响，每个人都如此。大部分创业者都有过这样的感受：喜欢与同一频率的人交流，遇到不同频率者宁可沉默，这其实是语言环境的作用。人们都渴望在一个积极、有正能量的平台上进行观点碰撞，积极的环境吸引的是积极向上的人，也会有好的结果。

在掀起这一波创业浪潮时，以创业交流为主要活动的咖啡店在各大城市筹建。创业咖啡店是创业者交流的理想场所，在这里，他们可以交流思想、讨论项目、探讨合作，这种场所是受到支持和鼓励的，和其他地方不一样。

我读小学的时候，成绩一直是班上前几名，小学毕业时考入县城初中。我在初中学会了上网、滑旱冰等，成绩开始下滑。每到周六、周日，我都与同学们一起玩游戏，久而久之，成绩下降到了班级最后。

妈妈坚决要给我转学，我被送到乡下一所中学读书，那里只有一条一眼望到尽头的街道，老师管理非常严格。记得到学校的第一天，我就因为没有做早操而被班主任罚站一天。行为逐渐规范，我的学习成绩也有所提高，中考结束后，虽然成绩不太理想，但父母通过关系，依然让我升入当地最好的高中。

高中时，我发现每个班级的最后几名都是我在县城初中时的朋友。我知道，他们都是家里有背景的人，通过关系转到最好的高中读书的。我们平常在一起叙旧、玩耍，又如往日一样混日子了。回首这段经历，我深深地感悟到，人的成长、进步是非常艰难的，但是退步只在一瞬间。高中三年，我又回到了原点。

到了大学，一次偶然的机会，2013 年 9 月，我与教育行业结缘。在教育行业环境的影响与熏陶下，我开始思考自己的未来，规范自身行为，合理规划时间，发自内心地渴望学习，而且戒掉了吸了 6 年的烟。这是我亲身经历的，我觉得身在不同的环境里，自然会有不同的思维模式及行为模式。

每个公司的文化不同，氛围就会不同，有些公司给人死气沉沉的感觉，有些公司给人有激情、活力的感觉，有些公司让人觉得有亲和力。选择一家有激情和活力的公司，你自己也会在公司环境的熏陶下改变。环境是无法抗拒的，人处于环境中，只能慢慢被改变。你想提高执行力，就加入执行力强的公司；你想提升业务能力，就加入销售型公司；你想提升演讲能力，就加入培训型公司。

（二）拥有好心态

我见过很多朋友，由于对自己的工作不满意而常常抱怨，抱怨工资低，抱怨总加班，抱怨没有奖金。对于老板而言，他不会给抱怨的员工加薪，不会发给他们奖金，甚至会逐渐淘汰他们。人经常抱怨会影响工作效率。要学会和领导沟通，提高工作能力。就我自己而言，一般不会轻易选择，选择了就一定要把它做好。你选择了，就说明你的能力在这个范围内，如果你更加卓越，就不会去选择它。如果你能为公司创造价值，升职、加薪是自然的，当你有了能力，到任何一家公司都会被重视；没有能力，换到任何公司都不会升职、加薪。

我认为，选择和能力是相匹配的，我选择做的事，就一定要做好。

有一位秀才两次进京赶考未被录取，第三次，他又进京赶考，并且还住在经常住的客栈里。这天晚上，他做了一个梦，梦见3件事：第一，白菜种在墙上；第二，下雨天，他戴着斗笠，还打着伞；第三，他和自己心爱的表妹躺在一起，背靠着背。这位秀才非常不解，觉得自己的梦大有深意，于是第二天就跑到街上去找算卦的先生。

他把他梦见的情况对算卦先生讲了一遍，算卦先生一拍大腿，告诉他："你回去吧，考不中的。你想想，白菜种在墙上，不是白费劲儿吗？下雨天，戴着斗笠还打伞，不是多此一举吗？与自己的表妹躺在一起，背靠着背，不是没有戏吗？"秀才听完，觉得有道理。

回到客栈，秀才收拾东西，准备回家。正要出门，刚好遇到客栈老板。老板问他："怎么还没考就准备回去了？"秀才把刚才的经过对老板讲了一遍，老板笑了起来："我也会算卦。你看看，白菜种在墙上，不是高种（中）？下雨天戴斗笠还打伞，不是有备无患？与自己的表妹躺在一起，背靠着背，不是一转身就到了？"这位秀才听完之后，发现对啊，于是信心百倍地去参加考试，后成功考取功名。

好的心态有很多：空杯、积极、谦虚等。你拥有空杯的心态，学习效率会很高，能够学以致用；你拥有积极的心态，就会发现身边都是美好的事物。你只看美好的，美好的事情就会发生在你身上；你保持谦虚，会吸引很多"贵人"来支持你、帮助你。尝试改变心态，你的现状也会随之改变。

（三）成为好老板

老板分为两种：第一种，为自己；第二种，成就别人，顺便成就自己。他们的目标是相同的，途径却不一样。

为自己，私欲太重，总是把自己的利益放在首位，不会站在员工的角度考虑问题，从而导致人才大量流失，发展到一定阶段则会遇到危机，与团队失去信任感，为成功设置了障碍。其实，你成就了别人也成就了自己，这是需要用智慧去理解和思考的，你"为人民服务"的同时，"人民也在为你服务"，"我为人人"即"人人为我"。因此，你要放宽心胸和眼界，努力成为一名好老板。

（四）找到成长的力量

人有动力和阻力，动力引导我们前进，阻力阻碍我们成长。动力大于阻力，我们一直在前进；阻力大于动力，我们会后退。"人是不会自动成长的"，这是世界著名领导力大师约翰·麦克斯韦尔的"名言"，我认为，人只有不断地克服阻力，增加动力，才会持续不断地进步。

阻力包括恐惧和懒惰。恐惧什么就会放弃什么，我们最大的敌人其实是自己。很多时候，恐惧是因为不相信，成功者往往是先相信的。恐惧也是因为不知道，这个时候需要静下心来学习。动力包括、爱、梦想、责任等。

（五）把梦想写下来

关于梦想，有四种人。

第一种，可怜的人。自己没有梦想又不愿意尝试改变和行动的人。

第二种，可悲的人。自己有梦想，但是活在别人的嘴巴里。比如，你的梦想是当记者，有人打击你：记者有什么好，每天跑来跑去采访别人，相当于"狗仔队"，而且是高危职业。你听他这么一说，再也不敢坚持梦想了。这种人很多，其实，自己拥有梦想很好，不要被别人薄薄的嘴皮打击而丢掉梦想。

第三种，可恨的人。没有自己的梦想，还要去击碎别人的梦想；自己不愿意去改变，老是说别人的不是。

第四种，可敬的人。自己拥有梦想，而且敢于尝试、行动，最重要的是乐于帮助别人实现梦想。

在肯德基，你能看到这样一个老人，他穿着白色西装，戴着一副眼镜，笑容可亲，他就是肯德基的创始人桑德斯上校。他65岁的时候，身上只有105美元，穷困潦倒。他问自己，我已经到晚年了，还能不能为社会创造价值，能不能为别人带来一些什么呢？

他发现自己有一个炸鸡的秘方可以去帮助别人，于是，他写下自己的一个梦想：用炸鸡的秘方去帮助全世界的人。当他写下这个梦想的时候，还不知道如何去完成。他开始拿着这个炸鸡的秘方去推广，不断地推广，别人不断地拒绝；不断地推广，别人还是不断地拒绝；他不断不断地推广，别人还是不断不断地拒绝……

周围很多朋友都说，这个桑德斯，你看你都65岁的人了，为何还要这么努力，这么拼命啊？你看你没有背景、没有关系、没有人脉、没有"资源"，你一切有利条件都不是很具备，所以，你就放弃吧。桑德斯问自己：当很多人都认为我不行的时候，我可不可以再努力一下？当很多人都认为我不行的时候，我可不可以再付出一些？当很多人都认为我不行的时候，我可不可以就此再往前走一步？他还是给了自己坚定的信念，于是开始四处去拜访。不断地拜访，别人不断地拒绝；不断地拜访，别人还是不断地拒绝；他一次又一次地拜访，别人还是一次又一次地拒绝，打击、挖苦、嘲笑、讽刺、不支持……这一切都没有让他放弃努力，当他经历了无数次拒绝后，终于有一个老板同意与他合作，最终创造了肯德基这一世界品牌。桑德斯65岁的时候，梦想终于实现了。这也改变了他的一生，改变了饮食界的文化。这位老人65岁了还能实现梦想，我们有什么理由不去努力呢？

2013年10月，我参加了一个口才训练课程。课后，同学们互相分享自己的梦想。有的同学说自己的梦想是举办一场百人演讲会，有的同学说自己的梦想是举办一场千人演讲会，有的同学说自己的梦想是去学习全国最顶尖的公众演说课程。

轮到我的时候，我讲了一个"胆大包天"的梦想：在上海8万人体育馆举办刷新世界纪录的 6 万人演唱演讲会，成为中国 90 后首席演说家。当时，有 70 后、80 后的演说家举办过万人演讲会，但是没有任何一个 90 后举办过万人演讲会。当我讲完我的梦想时，所有人都边走边说：这个同学有问题！当时我想：100 人、1000 人演讲会的梦想可以实现，我也可以，否则大家都是吹牛。

至今，我的梦想还没有实现，但我是所有同学中演讲场次及听众人数最多的，也是发展最好的。梦想对我们成长帮助很大，不管有没有信心、能力、条件去实现，都一定要有梦想。

为了实现梦想，我把它写在本上，录入电脑里，打印成文字，录制成语音，做成梦想版，并且在公众场合多次承诺。这些都会成为我去实现它的动力。

思考：上面的内容如果对你有帮助，请把你自己的梦想写下来：未来 5 年的梦想；未来 10 年的梦想；未来 20 年的梦想。

（六）成功的秘诀就是，绝不放弃

有一个人非常成功，拿到很多世界第一名的奖杯，在 70 多岁即将退休的时候，他决定举办一场万人演讲会，把自己的秘诀分享给整个世界。演讲会的舞台非常大，舞台上有一个很大的钟，这个世界第一名走上舞台说："哪个年轻人能走上舞台来敲这个钟，把它敲动？"这时候，上来很多年轻人，他们拿着很大的铁锤去敲钟，钟发出了震耳欲聋的响声，但这个钟没有动。

这个世界第一名走到钟前，伸出他的小拇指在钟上"咚"地敲了一下，钟仍然没有动。然后这个世界第一名每隔 5 秒钟就"咚"地敲一下这个钟，大概 20 分钟过去了，钟仍然没有动。这时候，会场开始骚动，有人喊：骗子！骗子！难道你成为世界第一名就是这样骗来的吗？

不管台下有多少人骂他，他依然每隔 5 秒钟敲一下这个钟，每隔 5 秒钟敲一下这个钟。大约过了 40 分钟，他小手指的皮肤已经磨破，流出了鲜红的血。这时候钟动了没有？答案依然是否定的。台下开始有很大的骚动，有人向舞台上扔矿泉水瓶子、易拉罐。

不管台下人如何，他依然每隔 5 秒钟"咚"地敲一下这个钟。大概一个小时过去了，他小拇指的骨头已经露了出来，鲜血染红了一小块儿舞台。这个时候钟动了没有？答案依然是否定的。会场上很多人站起来，慢慢地离开了会场，只有三分之一的人继续在看他表演。

他依然每隔 5 秒钟"咚"地敲一下这个钟，这样过了大约两小时，这个钟动了没有？这个时候，钟开始很大弧度地摆动起来，会场上响起了热烈的掌声。

他开始包扎伤口，然后说："有哪个年轻人能走上舞台，让这个钟停止摆动吗？"又上来了很多年轻人，他们去抱这个钟，期望能让它停下来。这个钟停下来没有？答案是否定的。他又开始说话了，他说："成功的秘诀就是，不管多少人打击你，不管多少人泼你冷水，不管多少人拿矿泉水瓶砸你，你都要当作没有听见，坚持到底！当成功来临的时候，别人挡都挡不住。"所以，做一件事情就要坚持到底，绝不放弃！

英国著名首相丘吉尔在一次演讲中只说了一句话："成功的秘诀就是不放弃，绝不放弃，绝不绝不放弃。"

（七）成为世界富翁，先去学习

软件银行集团的创始人孙正义，韩裔，在日本出生，在美国留学，精通韩文、日文、中文。23 岁时，他得了肝病，在医院整整住了两年。在这两年期间，他读了 4000 本书，平均每年读 2000 本，平均每天读 5 本多。想想每天读 5 本书是什么概念，你们每天读多少？每个月呢？他在出院的时候想：要成为世界富翁，必须从事电脑行业。

公司刚创立时只有两个员工。有一天，他突然站在公司的水果箱上大喊："我是马萨尤西塞，我是孙正义，25 年之后，我要成为世界富翁，公司的营业额要超过 100 兆日元。"两个员工听完，立刻辞职不干了，说老板疯了。他们只听到这个年轻人夸下海口，但是他们不知道这个年轻人读了 4000 本书。

（八）信赖，往往创造出美好的境界

学习有四大死穴：说了不听，听了不信，信了不做，做了做得不彻底。因此，我们的学习效率大大降低。为什么有些人一年可以做别人 10 年完成的事情？我们一生有六个字阻碍了我们的成长：不知道，不相信。如果你不知道，可以学习；如果你不相信，别人想拉你一把，都不知道你的手在哪里。

信赖，往往创造出美好的境界。小学课本中有这样一篇文章：一位作家坐在桌前写作，突然，有一只小鸟飞到窗台上，一会儿又飞走了。过了一会儿，小鸟又飞来了，见作家没有伤害它，就飞进屋里。

作家仍然坐在那里写作，生怕令它受惊。小鸟在桌上跳来跳去，没有接近作家，过一会儿，它飞出了窗外。第二天，这只小鸟又飞到窗台上，飞到了作家的桌子上。这一次，它居然在作家的笔尖前跳来跳去，作家伸出手就可以抓住它，但他没有那么做，而是随手写下："信赖，往往创造出美好的境界。"人与小鸟的距离也可以这么近，难道不是因为信任吗？

抗日战争时期，毛泽东说："只要全国人民一起努力，我们一定会解放全国人民。"汶川大地震时，温家宝总理说：只要我们团结一致，一定会战胜重重困难。马云用了 6 分钟，让孙正义投资 2000 万美元。我和我的合作伙伴见了 4 次面，第 5 次会面时开始合作，这一切都源于信任。

三、人是环境的产物

在竞争激烈的今天，青年创业者数不胜数，小则组建工作室，大则公司估值上亿元。草根创业者都是从一无所有起步，没有人脉、没有背景，甚至连资金也没有。但是，一无所有不重要，你是谁也不重要，重要的是你身边经常联系的五个朋友是谁，这一点非常关键。卖菜的商人身边大部分是卖菜的，局长的朋友也大部分是局长。你身边最要好的五个朋友就是你生命的现状。

人会受环境的影响，会受关系最近的朋友的影响。身处具体的环境，你会随着环境的改变而改变；只有选择好大环境，选择好朋友，你才能成长得更好。

思考：适合我创业的环境有哪些特点？

身边最好的五个朋友：

1.＿＿＿＿＿＿＿＿＿＿＿＿

2.＿＿＿＿＿＿＿＿＿＿＿＿

3.＿＿＿＿＿＿＿＿＿＿＿＿

4.＿＿＿＿＿＿＿＿＿＿＿＿

5.＿＿＿＿＿＿＿＿＿＿＿＿

四、怎么找到"贵人"

我们都期望在自己的创业生涯中有"贵人"相助，那很可能会带来事业的转折。很多创业者看到朋友、同学得到"贵人"相助，比如企业家的支持，羡慕不已；也有一些创业者，经常抱怨，他想：我比他的团队规模大、实力强，为什么不帮助我呢？任何人都需要"贵人"来帮，到底什么样的人可吸引到"贵人"来相助呢？

我的一个创业观点是创业不是赢在起点，而是赢在转折点。我的转折点是遇到了一位"贵人"。身边的朋友也有相似的经历。我有一个朋友在郑州创业，我们的公司几乎是同时注册的，都处于成长阶段。有一次我们谈合作，分享公司过去的经营、现在的状况以及未来规划。因为我们都是成长型公司，又跨地域太大而未能达成合作。结果，在我离开郑州的第二个月，这位朋友拿到 675 万元的投资，改变了他和公司的命运。

其实，能否找到"贵人"取决于你自己。

首先，你的心态很关键。如果你急功近利，或者十分消极，那么谁都帮不了你；换一种心态，做事积极、认真，懂得感恩，帮助你的人会越来越多。你要明白，需要帮助的人很多，值得帮助的人却不多。

其次，要有潜力。"贵人"帮助你即使不求经济回报，也希望你能让他感到欣慰。最重要的是，你要学会感恩。懂得感恩后你会发现：你越感谢你的团队，团队的业绩会越好；你越感谢你的朋友，你们的关系会越好；你越感谢你的领导，你的领导越会帮助你；你体内的正能量也会不断增加。只有感恩，"贵人"才会持续不断地帮助你。

五、向天再借 500 年来创业

在我创业期间，朋友们对我的普遍印象是"大忙人"。一年回一次家，到家了，妈妈开玩笑说："家里来客人了。"女朋友说见我要提前预约，不然每个月连陪她逛街的时间都没有。对我而言，每天的时间确实安排得很满，和朋友偶尔吃顿饭的时候，大家通常会问同一个问题："你吃饭怎么这么快？"因为我已经被训练出来了。

我每天上午研究兴趣爱好，下午处理公司的事情，晚上写书或看书。有一天晚上，我计划看完一本书，由于讲的都是我内心的需求，不由越看越有兴趣。当时针指向十二点时，我以为还是中午，看着闹钟我想了很久：现在到底是白天还是黑夜？内心突然感叹：多想向天再借 500 年创业！

每周开例会、做活动、应酬、聚会等事情一大堆，有人说，北上广生活节奏太快，在大城市发展压力很大。但是，我喜欢那种节奏，那会让我的能量全部释放出来。每个人每天都是 24 小时，完成事情的数量却大不相同。同行业同部门的销售人员，有的一天可以创造 20 万元的业绩，有的一天则可以创造 200 万元的业绩，同样的时间、同样的产品、用同样的资源去开发，结果却差别很大。

再谈谈美元，现在美元与人民币的汇率大概是 1∶6.5，也就是说我们赚的 6.5 元钱相当于美国人赚的 1 美元；如果思维再发散一点儿，也可以认为我们工作六天半相当于美国人工作一天。我曾经开玩笑地和大家说："浪漫是美国人、英国人的词语，因为他们有时间去浪漫。"

（一）将事情分为轻重缓急

管理时间对每个创业者来说更是至关重要的。我对管理时间的建议是，将事情分为轻重缓急，如下图所示：

重要	紧急
不重要（轻）	不紧急（缓）

先做重要又紧急的事；

有空闲时做重要不紧急的事；

要集中时间处理琐碎的事；

能两分钟处理完的工作，一定不要用 3 分钟，而且马上做，不拖延。

（二）掌握时间

我一天的时间安排：

早上起来做一整天的计划；

上班路上阅读或者听录音；

上午集中精力做重点工作；

午休时间看看新闻，做一些和自己爱好有关的事情，放松精神；

下午继续集中精力工作；

下班后尽快回家陪家人；

晚上留一段时间学习，并总结当天的工作得失。

安排好时间，既能让工作更高效，能力提高得更快，还能让你觉得很轻松。

（三）ABCD 法则

每天晚上睡觉前把第二天要做的事情全部列出来，少则几件，多则几十件，把事情分类去做计划。

A 类：代表非常重要的事情。你一定要完成，如果没有完成，后果很严重。例如，老板交代你明天要开会，让你准备向客户展示内容的 PPT。

B 类：代表需要去做的事情，但没有 A 类重要。

C 类：代表有意愿、有兴趣去做的事情。你做与不做，都不会有任何不好的结果。

D 类：代表可以交给别人完成的事情。你必须牢牢记住，凡是可以授权别人做或者可以外包的事情，一定要交给别人做。

你把第二天要做的事情分类列完，就可以管理好每天的时间，养成良好的习惯，会达到事半功倍的效果。

第四章 梦想系统，打开创业思维

一、梦想系统，个人创业生涯规划

很多第一次听我讲课、第一次看我写的书或者刚刚认识我的朋友，都会问一个问题：创业梦想系统到底是什么？简而言之，创业梦想系统就是一门激发青年创业者潜能，打开创业思维，拉伸创业高度，全方位地规划个人及企业发展的工具，包括团队、核心伙伴、创业收入、财务、健康等。范围可以很大，涉及创业的方方面面；也可以很小，只是对创业某个领域规划。就像太极八卦图，既可以包罗世间万象，也可以只是针对一些现状；既可以大到无边无际，也可以小到肉眼看不见。

大家提到的第二个问题一般是：梦想系统可以解决创业者的什么问题？如果可以解决创业者所有的问题，那就太神奇了；如果什么问题都解决不了，就是没有用。我刚研究出创业梦想系统时，遭到很多怀疑和否定，但是我一直坚持研究和传播。这些知识已经对我和身边的一些创业伙伴有了一些帮助，而且效果很明显。

这套系统没有讲很多战术层面的知识，却给创业者讲述了比战术层面更有价值的知识。只要你规划好自己的团队、模式、创业资金，你就会自动自发地去学习其他知识。这对你创业的方向、高度、格局都有益，当然，一些细节还需要一步一步来落实。如果你抱着这样的心态来研究下面的学问，则会事半功倍。

这些知识你想看一次就用，很难。书读百遍，其意自现。梦想的实现是有一个过程的。如果你的目标要用一年实现，在这一年内，你一定每天坚持我下面讲到的方法。这对你的毅力和耐心也是很大的考验。目标能否 100% 达成，取决于你有没有 100% 达到目标的方法与信心。

你必须做好前面的基础工作，这对实现目标是非常有帮助的。

二、如何构建自己的创业梦想系统？

（一）想到，悟到，做到，得到

很多青年创业者与我分享他的想法，讲完自己的想法，兴奋不已。他投入的这种感觉已经带动了自己的情绪。一个月过去了，我再次遇到他，发现他还是原来的样子。他再一次鼓起勇气来分享自己的想法，而且保证一定完成；半年过去了，又见到他，发现他还是原来的样子。

这个时代，有想法的创业者不计其数，没有想法也不会出来创业，因为他们已经安于现状了。我经常用马云的话形容他们的状况，"晚上想想千条路，早上醒来走原路"。我不反对发挥想象力，任何伟大的事业都是从想象开始的，但是，想到为什么没有做到呢？缺少毅力、经验、耐心、能力，总之，缺少经历、阅历和感悟。只有自己悟到了，才会发自内心地改变、成长、全力以赴，甚至不惜付出生命的代价去做一件事情。

力克·胡哲的故事一直在激励着我，他没有手、没有脚，却可以完成许多正常人都不能完成的事情。只要有想法，就可以多尝试，多经历，多看书。书籍也是我最好的老师。看书，是在别人思想的基础上建立自己的思想。只有努力感悟和思考，你的行动力、执行力才会加强。

马云曾经说过，"今天的阿里巴巴是 15 年前的思考"。今天的状态是你 5 年前思考的结果，今天的思考也会成为你 5 年后的状态。想到、悟到、做到是一个成长的过程。得到，是你的想法实现的结果。实现目标之前需要经历一个漫长的过程，你把自己的潜能发挥到了"极致"，把做到的一些成果放到现实中，顺应自然规律、宇宙法则，自然会得到好的结果。

（二）有合理的目标，也要有合理的达成期限

一部分有规划、有目标的创业者，发现自己的规划未能在预期的时间内达成，于是失去了信心。没有了信心，你的规划只是纸上谈兵，没有任何价值与意义。相反，当你完成规划时，会继续规划，也会更有动力与信心去完成下一件事。

先制定合理的目标，再对目标进行评估，根据你的资源、时间和实力等去一步步实现。资源匹配时，目标就可以达成；如果不匹配，无论如何努力都无法实现。实现目标不仅需要坚持，还需要智慧。坚持去做一件事，在合理的时间范围内一定是可以的，只要评估没有问题。此类内容可以参考后面讲到的 SMART 法则。

2014 年，我有一个目标，实现月收入 1 万元。到 2014 年 9 月，我每个月几乎没有任何收入，9 月份创办公司后，连续三个月的营业额为

零，不仅没有收入，反而支出很多。到 2015 年 7 月，我个人分红达 20 万元，平均每个月收入已经超过了 1 万元。你要记住：有合理的目标，也要有合理的达成期限。

（三）从完成 50% 开始，直到完成 100%

万丈高楼平地起，没有打好地基，楼盖得越高越危险。当你发现一个人有才时，他一定不是你发现那一刻才这样，而只是在你发现的这一刻表现出来了。同样，当你开始准备的那一刻，就预示着结果会在适当的时间、地点显示出来。

马云 2016 年 1 月 10 日在"浙商经济形势分析研判会"上发表的演讲中提到了技术革命，这是一场具有前瞻性和现实性的演讲，在企业界、经济学界引发了强烈反响，被誉为"世界级的企业家经济分析"和"转型升级提神剂"。他说，每一次技术革命都是靠后面 30 年的时间真正发展起来的。这一次互联网的变革远远超出大家的想象，无论是"互联网 +"还是"互联网"，我们还没有完全做好准备。这一轮的 20 —30 年，层出不穷的企业会起来，层出不穷的企业会倒下去。技术革命需要一定的周期。

不仅盖楼有周期，技术革命也有周期，达成目标也是一样。从写下目标的那一刻起，很多人就把聚焦点放在了达到目标的喜悦上。其实，我们应该把更多的精力放在如何去实现上。李嘉诚的经商观念是"买先想卖"，买东西的时候先想到的是"如何卖出去"，所以他买到的东西都不会贬值。我们可以根据自身实力设定完成目标的时间和进度，可能需要一年、两年或者三年，甚至更久，达到 20%、30%、50%，直至

100%。

在"大众创业、万众创新"的背景下，在企业关注、学校的推动下，很多青年投身到创业中去。这么多创业者，成功率到底有多高呢？从社会各界不同的角度看，成功的定义也不一样。观念比较传统的家长，以孩子赚钱多少为衡量成功与否的标准，这也是我们现实生活中大部分人的标准。

我出生在甘肃，家乡的观念比较落后，经济也比较落后。创业期间，我每年回家过年，家人、亲戚、朋友问我的第一句话就是："今年赚了多少钱？"对于这个问题，我不好回答。第一，创业前期能活下来就已经不错了。第二，如果你赚得多，大家都支持你创业；如果没有赚到钱，面对你的就是另外一些话语了：早都说过，让你不要创业，你还不相信……他们并不知道，对于创业者来说，连续几个月都没有盈利，或者一个月的盈利超过别人一年，这都是正常的现象。

观念比较前卫的家长，以孩子的成长、创业项目的前景作为衡量成功与否的标准。学校一般以学生创业项目的生存率作为成功与否的标准，需要的是成绩。记得有一次市领导要来学校检查，当时学校的创业孵化基地刚刚建好，学校领导打来电话，希望我能尽快回学校，给学校的孵化基地提一些建议。

每位创业者对成功的理解也不同。有些人认为成功是成就团队，有些人认为成功是打开市场，有些人则认为成功是赚取第一桶金。

我对成功的定义是什么？首先是身体健康。我有一个目标是：练出6块儿腹肌；其次是事业，成为亚洲90后首席演说家，控股15家子公司（计划2020年2月实现）；再次是家庭——父母健康、爱人幸福；

最后是股东、员工，跟着我奋斗的人有车子、房子，并且能实现梦想。

为什么把股东、员工放在最后呢？我一直坚信：只有自己强大才可以给团队最好的养料；只有自己强大，才可以给家人创造最好的环境；只有懂得爱自己，才有能力爱身边的人。乔布斯对成功的定义是：活着，就是为了改变世界。身体健康没有在他的规划当中，他于 2011 年 10 月 5 日去世，享年 56 岁。早早离开这个世界，对于他这样有梦想的人而言不能不说十分遗憾。

孔子对成功也有自己的理解，他说："吾十有五而志于学，三十而立，四十而不惑，五十而知天命，六十而耳顺，七十而从心所欲，不逾矩。"意思是："我十五岁就立志学习，三十岁能够按照礼仪的要求立足于世，四十岁遇到事情不再感到困惑，五十岁就知道哪些是不能为人力所支配的事情，而乐知天命，六十岁时能听得进去各种不同的意见，七十岁时可以随心所欲却又不超出规矩。"

曾仕强教授在《百家讲坛》中讲《易经》的奥秘时说，这几句话的另一种意思是："人在十五岁的时候决定学习的方向，三十岁的时候确定一生的原则，四十岁的时候对人生的目标不再动摇，五十岁的时候明白命运是自己造就的，六十岁的时候广泛听取多种意见，这样到七十岁的时候按照自己的心意去做，就绝对不会做出逾矩的事情了。"

三、在你的头脑中，成功是什么

在高校演讲时，我在现场总能看到部分学生玩手机、打瞌睡。我当时想：年轻人的活力与激情都到哪里去了？有时会场死气沉沉的一片，演讲老师得用很大的精力调动现场气氛，才可能让同学们专心听，从而更好地吸收。

在大学校园内，我们可以看到这样的现象：上课铃声响起了，同学们还不慌不忙地走向教室，迟到5分钟、10分钟，已经成为常见的现象。课堂上有的同学睡着了，还有一些同学玩手机，认真听课的寥寥无几，甚至认真听课反而要遭受异样的眼光。在寝室，电脑游戏一直伴随，原本我以为这只是男生的爱好，直到有一天室友邀请他的女朋友也来玩儿，我才知道，游戏是一些大学生的"必修课"之一。操场，那是情侣约会的地方，一对对的，谈恋爱也是一些大学生的"必修课"之一。这些现象都缘于一些大学生没有人生规划，没有方向，更没有梦想。老师没有告诉他们，梦想到底有多么重要。

很多人为什么早晨起不了床？因为他们不知道起床干什么。很多人为什么每天的生活几乎都一样？为什么出租车司机车一开就是20年，餐厅老板店一开也是十多年，摆摊儿卖水果的也是几十年不变。这都是缺乏对人生的规划、缺乏目标、没有梦想的表现。

这是他们想要的生活吗？答案是否定的。每个人都不会满足于这样的生活，只是被现实打败了。你不打败现实，现实就会打败你；你不打败困难，困难同样会打败你。困难之后是无限的精彩，大部分创业者都"死"在了困难之前。

很多人被现实所左右、所掌控，他们对自己的未来没有规划，没有对未来的追求。但是实际上，人生是可以规划的，设定好航线，坚持不懈地付出，每个人的命运都是可以改变的。

人生梦想到底有多重要呢？看看这些人的目标你就知道了。

林肯：消除种族歧视，维护南北统一。

列宁：为共产主义事业奋斗终生。

曼德拉：反对种族主义歧视，建立自由平等的南非共和国。

李嘉诚：希望此生能做点儿对人类、民族、国家长治久安有益的事儿。

马云：让世界上没有难做的生意。

巴菲特：不断创造最大的利益和价值。

比尔·盖茨：我要让每个人的桌上都有一台电脑。

爱因斯坦：在物理和数学领域不懈奋斗，为人类社会做出贡献。

甘地：争取印度民族独立和社会进步。

孙中山：推翻封建帝制，建立民主主义共和国。

保尔·柯察金：为人类的解放而斗争。

奥普拉：运用媒体的力量，影响全世界。

乔布斯：活着就是为了改变世界，我要在宇宙间留下足迹。

陈晧宇：让全中国的青年创业者运用梦想系统成功创业。

人类因为有梦想而伟大，伟大的梦想造就伟大的人物。

一个没有梦想的人，他没有想好自己究竟要成为什么样的人，他没有办法规划自己的健康和幸福，他也不知道上天赐予了他什么样的天分。他容易交错朋友，找错合伙人，误入歧途，他只能过了今天想明天，过了这一刻思考下一刻。很多人对自己的目标并不明确，可以说对未来没有什么把握，像浮萍一样随波逐流，一会儿想做这个，一会儿想做那个；一会儿对这件事情充满热情，一会儿对那件事情又是三分钟热度。你想想我们身边有多少这样的人！

一个有梦想的人，他一定知道自己要成为什么样的人。一个演说家，他一定是天天去演说；一个足球运动员，他一定是天天去踢球；一位畅销书作者，他一定天天写作。你要成为什么样的人？

你可以选择成为功夫巨星，可以选择成为创业领袖，也可以选择成为一名老师。职业没有高低之分，三百六十行，行行出状元。

选择成为什么样的人，到底对你的未来有多大帮助呢？下面这两个故事会告诉你。

阿诺德·施瓦辛格，1947 年 7 月 30 日出生在一个鲜为人知的村落——奥地利的特尔村。年幼的时候，他有三个梦想：第一，成为世界上最强壮的男人；第二，成为成功的商人；第三，当电影明星。

为了能实现第一个目标，他每天疯狂训练，一年 52 周，每周 7 天，每天训练 6—8 小时。他的信念是，要肌肉增长，你必须拥有坚强的意志，你必须忍受痛苦。你不能同情自己、可怜自己，稍痛即止，你要跨越痛苦，甚至爱上痛苦。别人做 10 次的动作，你要加倍，做足 20 次。还有，要用不同的方法，从不同的角度去"震撼"自己的每一组肌肉。永不松懈，永不懒惰，这令他无法不强壮，无法不结实。没有坚韧不拔的精神，你无法取得成功。

1966 年，19 岁的施瓦辛格获得了"欧洲先生"的称号。此后，他几乎包揽了所有世界级健美比赛的冠军，包括：五次"宇宙先生"、一次"世界先生"、七次"奥林匹克先生"，他是当之无愧的"王中之王"。

1997 年，国际健美联合会授予施瓦辛格"20 世纪最优秀的健美运动员"金质勋章。他实现了自己成为世界上最强壮男人的目标，而他在年幼的时候已经做过规划，要成为世界上最强壮的男人。

广西南宁市的一个小山村，有一望无际的稻田，每天追着鸡鸭牛羊跑是小朋友们最大的乐趣。有一个叫卓君的小男孩，有一天在电视上看到迈克尔跳舞，他羡慕不已，心里暗自决定：我一定要成为舞蹈高手。于是，每天吃完饭，他就凭借自己的记忆练习跳舞。

很多村民说他不务正业，他受到很大打击，遭遇无数嘲笑、挖苦、不支持，但始终没有放弃自己的梦想，因为他相信自己。他在电视上看到媒体招募舞蹈爱好者比赛，就报名参加了，他跳完舞，现场响起了雷鸣般的掌声。村民们在电视上看见后，向他投来赞许的目光。那一刻，他证明了自己。

四、谁是你的榜样

巴菲特曾经说过："告诉我，你的偶像是谁？我将会告诉你，你的成就有多大。"健身爱好者希望自己拥有 6 块腹肌，舞蹈爱好者希望在舞台上展示才华，轮滑爱好者希望自己滑出很酷的动作。他们一定是先看到别人的腹肌、别人的舞蹈、别人的动作，才下定决心成为那样的人。而大脑中浮现自己成为榜样的画面，内心就会产生渴望，渴望发挥潜能。

在创业的过程中，如果你是一名跟随者，那么一定要找到创业榜样；如果你是一名领导者，那么一定要打造标杆人物。团队人数越来越多，领导起来就会越来越难，只有管理好关键人物，才会带动其他人成长。

打造标杆，其实也是在为团队树立榜样。大家会看到，在公司里只有具备某种特质的人才能升职加薪，大家也才会跟随，希望自己也可以做到，这就是榜样的力量。

思考：你的榜样是谁？

五、谁是你的竞争对手

在 2012 年中国经济年度人物颁奖典礼上，马云与王健林豪赌一个亿，马云认为，到 2022 年，电商市场份额会超过传统行业；王健林则认为传统行业市场份额会超过电商，于是，两位企业家豪赌一个亿。过去，王健林与马云一直在争夺中国首富的宝座。

一个好的竞争对手可以激发出你所不知道的潜能。每个人都有与生俱来的潜能，只是大部分人没有发现而已。我一直把余佳文当成我的竞争对手，我一直相信我的口才并不比他差，只是一直没有找到一个舞台来 PK。但不管能不能赢，在这个过程中，他给予了我强大的奋斗的动力。

宝马举行 100 周年庆典的时候，奔驰公司发来贺电。大概意思是：非常感谢您 100 年来的竞争，在过去的 30 年，我们真的很孤单。

思考：你的竞争对手是谁？

六、写下十个方面的目标

如何写下目标，我们分十个方面来规划。

健康篇

事业篇

人脉篇

团队篇

理财篇

成长篇

幸福篇

旅游篇

物质享受篇

责任贡献篇

十个方面的目标

序号	我的目标	达到期限
一、健康篇		
1		
2		
3		
4		
5		
6		

7		
8		
9		
10		
二、事业篇		
1		
2		
3		
4		
5		
6		
7		
8		
9		
10		
三、人脉篇		
1		
2		
3		
4		
5		
6		
7		

8		
9		
10		
四、团队篇		
1		
2		
3		
4		
5		
6		
7		
8		
9		
10		
五、理财篇		
1		
2		
3		
4		
5		
6		
7		
8		

9		
10		.
六、成长篇		
1		
2		
3		
4		
5		
6		
7		
8		
9		
10		
七、幸福篇		
1		
2		
3		
4		
5		
6		
7		
8		
9		

10		
八、旅游篇		
1		
2		
3		
4		
5		
6		
7		
8		
9		
10		
九、物质享受篇		
1		
2		
3		
4		
5		
6		
7		
8		
9		
10		

十、责任贡献篇		
1		
2		
3		
4		
5		
6		
7		
8		
9		
10		

恭喜你，你的创业生涯将开启新的篇章！

凡人心所想象，并且相信的，终将成为事实！

七、跟我学：陈晧宇全新的蓝图（2016年版）

每年修改两次，让你的生命创造奇迹。

第一次修改：2016年1月1日。

（一）健康篇

体重增加到150斤（2016年6月）；

拥有6块儿腹肌（2016年12月）；

每天做 20 个俯卧撑（每天增加一个，以此类推）；

每天 20 个仰卧起坐（每天增加一个，以此类推）；

体重增加到 165 斤（2017 年 10 月）；

每天睡眠 7 个小时，重视睡眠与营养；

每天起床听《一起摇摆》《双截棍》，出门前保持巅峰状态；

每天至少喝三杯水；

每天按时饮食，吃健康食品。

（二）事业篇

南昌华睿教育咨询有限公司——青少年夏令营板块营业额突破 1000 万（2016 年 8 月）；

青少年夏令营开拓武汉市场（2017 年 3 月）；

青少年夏令营开拓郑州市场（2018 年 3 月）；

南昌华睿教育咨询有限公司成为中国培养青少年创新创业领袖的领航者（2020 年 12 月）；

注册江西南昌双创教育投资有限公司（2016 年 3 月）；

双创——招收 1000 名学生，学生遍及南昌各大高校（2016 年 12 月）；

《蓝图主题青年创新创业特训营》培训 1200 名学生（2016 年 12 月）；

每个月举办一场大型公益励志演讲会（2016 年 3 月起）；

第一本图书《为梦想，豁出去》出版发行（2016 年 12 月）；

举办 6 场签名售书会（2017 年 1 月）；

在北京举办签名售书会（2017年5月）；

在台湾省举办签名售书会（2017年11月）；

第二本畅销书《101位青年总裁》出版发行（2018年10月）；

"梦想"APP上线（2018年6月）；

公司搬迁至面积500平方米的写字楼里（2016年9月）；

站到《超级演说家》的舞台上（2016年6月）；

《为梦想，豁出去》畅销10万册（2017年12月）；

拍摄《101位青年总裁》微电影（2016年12月）；

开办"双创咖啡店"（2016年8月）；

注册甘肃苹果实业有限公司（2016年3月）；

甘肃苹果实业有限公司获得80万元投资（2016年6月）；

邀请亚洲首席演说家梁凯恩老师举办5000人会议（2016年12月）；

邀请亚洲销售女神徐鹤宁老师举办5000人会议（2016年12月）；

南昌华睿教育咨询有限公司在创业板上市（2020年2月）；

成为江西90后首席演说家（2016年12月）；

控股15家子公司（2020年10月）；

吸引像曹鹏、龙军、兰雄林、吴正辉一样的90后创业榜样加入团队（2016—2026年）；

与江西教育电视台合办"为梦想，豁出去"节目，帮助更多的大学生高薪就业、自主创业（2019年9月）。

（三）人脉篇

接受徐鹤宁老师颁奖；

得到张斌老师的支持；

受到俞敏洪老师的关注；

获得梁凯恩老师的赞赏；

得到胡恩雪的创业支持；

结识"果唯伊"的老板；

与唐骏共进午餐；

让江西知名企业家刮目相看。

（四）团队篇

协助龙军提升领导力（2016 年 12 月）；

协助龙军成为 90 后创业的标杆，并且接受媒体采访（2016 年 10 月）；

协助吴正辉提升演说能力（2016 年 12 月）；

协助吴正辉登上 500 人舞台（2016 年 8 月）；

协助兰雄林赚到创业第一桶金——10 万元以上（2016 年 10 月）；

协助兰雄林提升软实力（2016 年 12 月）；

协助团队核心成员胡辉、杨愫、彭泽宇、李勃、王睿豪、王丹丹、胡晶辉等实现他们的目标。

（五）理财篇

赚取人生第一个 100 万元（2016 年 10 月）；

投资一家实体店（2016 年 11 月）；

投资一家成长型公司（2016 年 12 月）；

月收入达 10 万元以上，至少有 50 万元以上的固定资产（2016 年

10 月）。

（六）成长篇

演说能力（至少每周训练两小时）；

销售能力；

领导能力；

企业发展、团队打造、机制运用、项目统筹；

目标运用；

每周看一本书，持续 30 年。

（七）幸福篇

带家人到周代祖陵旅游（2016 年 2 月）；

与女朋友游学韩国（2016 年 9 月）；

赞助妹妹学习软实力（2016 年 6 月）；

给奶奶过大寿（2016 年 12 月 24 日）；

与女朋友共同游学国内八座城市（2016 年 12 月）；

支持女朋友实现梦想（2016 年 12 月）；

全家人一起游学昆明（2017 年 6 月）；

与全公司伙伴和家人一起游学台湾省（2017 年 10 月）。

（八）旅游篇

挑战不花一分钱游学全国 20 座城市（2016 年 12 月）；

带团队一起游学新加坡（2016 年 12 月）；

挑战不花一分钱游学全球 10 个国家（2018 年 5 月）；

在迪拜游学一周（2017 年 11 月）；

在美国游学一周（2017 年 1 月）。

（九）物质享受篇

拥有一套名仕馆的西装（2016 年 9 月）；

拥有第一套 100 平方米的房子，暂定杭州或昆明（2016 年 12 月）；

拥有自己的奥迪 A_6（2016 年 10 月）；

拥有自己的第一辆宝马敞篷跑车（2018 年 1 月）；

拥有自己的别墅（2018 年 12 月）；

拥有自己的私人飞机（2021 年 1 月）。

（十）责任贡献篇

帮助 100 名股东获得事业的成就感和生活的幸福感（2016 年 12 月）；

帮助 1000 名员工获得事业的成就感和生活的幸福感（2016 年 12 月）；

帮助 10000 名客户受益（2016 年 12 月）；

30 岁时把 30% 的财产捐出去（以此类推）；

活到 100 岁，把 100% 的财产捐出去。

（十一）写下目标的三个要求

1. 热血沸腾

写下这个目标后，立刻浑身充满能量，兴奋不已，可以不睡觉，不吃饭，但唯独不能放弃这件事情。

2. 可计算的规模

要具体到一定数量。比如，像"明年公司的营业额要再次突破"这样的目标，没有明确、具体的数额，也不知道突破到多少为止。要改成"明年公司的营业额突破 1000 万元"，再具体划分到每个片区，这样动力就有了。

3. 有期限

"在 6 月 1 日前，公司营业额突破 1000 万元"，像这样有具体时间的目标更可能有动力实现。

（十二）实现目标的方法论

SMART 原则：

S：具体。把目标明确到一个具体的结果上，而不是虚无缥缈抓不住的想法。

M：量化。搞清楚需要达到怎样的可量化的结果。

A：可实现。认真考虑目标是否可以实现，团队的资源、能力、士气是否满足达到目标所需要的条件，如果不满足怎么办。如果远远超出能力范围，就不要承诺。

R：有意义。做这件事对公司、对团队、对个人是否有意义，深刻理解其中的意义是什么。

T：有时限。明确了解最终完成目标的时间限制。

好好熟悉这个原则，对每个目标充分地理解，从不同维度梳理目标，越用越灵活自如，把这种思考模式培养成为一种习惯。

舍得法则

你把时间、精力、财力投入在哪里，结果就在哪里。如果你有一个目标——减肥，你要跑步、控制饮食等，这样才可能实现目标。在这个过程中，休息、约会的时间会被占用。

例如：

得：公司的营业额突破 1000 万元。

舍：陪家人的时间、逛街的时间、几百元的订单。

（十三）吸引力法则

观念一　我的人生就是我说出来的

现实社会中，我们发现在事业上没什么成就的人，往往比较喜欢抱怨、比较消极，经常否定自己，经常说这个不行，那个不行。其实，他自己本身就是一个不努力的人。事业成功的人往往比较积极、乐观、上进，经常鼓励他人，给自己增值、给他人加分。有时候，你说什么生活中便会发生什么。

人生因为有梦想而伟大，梦想被加上期限就成了目标，目标再分解就是计划，计划加上行动，就可以实现。没有目标的人会跟着有小目标的人走，有小目标的人会跟着有大目标的人走。

观念二　相信则会得到，恐惧则会失去

人的思维模式决定行为模式，从而带来相应的结果，一切源于观念，好的观念会让一无所有的人功成名就。为什么中国的北上广经济很发

达？为什么浙江商人很富裕？为什么美国有很多全球性企业？为什么犹太人能控制全球财富？犹太人人口虽然仅有 1600 万，占全球人口不到 0.25%，却获得了全球 27% 的诺贝尔奖。犹太人的诺贝尔奖获得概率远高于其他民族，是全球平均概率的 108 倍。爱因斯坦、弗洛伊德、马克思、冯诺依曼等天才都出自于这个人数不多的民族。这一切都不是偶然的。

北京是全国政治中心，这里卧虎藏龙，聚集了全国最有梦想的人；上海是全国经济中心，聚集了全国最有钱的人，这里以分钟计算经济效益；深圳是经济特区，改革开放以来，经济改革一直在这里试点，走出了一条飞速发展之路。浙江人很多受家族企业文化的熏陶，很小跟着家人参加董事会会议。美国的小孩儿从小受到的教育与中国完全不同，这也是国内一些家长把孩子从小送到国外求学、吸收多元文化的原因。

中国企业家王健林的儿子王思聪，从小在新加坡读小学，在英国读中学和大学。回国后，王健林给儿子 5 亿元创业，结果王思聪赚了 40 亿元，翻了 8 倍。我认为，如果我们的观念顺应自然规律，顺应商业规律，功成名就是自然而然的事情。我也一直在思考，我们创业若有正确的方法论、正确的观念，成功也应是水到渠成的一件事。现在结果不理想，一定是因为头脑中的部分观念是错误的。

孔子的"吾十有五而志于学，三十而立，四十而不惑，五十而知天命，六十而耳顺，七十而从心所欲，不逾矩"，也能说明这个道理。在孔子看来，70 岁时，你的言谈举止随心所欲，才有可能符合自然规律。

观念完全正确是一种理想状态，我们要尽力修炼、成长。我这样思考的时候，想把我头脑中不正确的观念给换掉，所以写了"全新的观念植入大脑"。为什么要用"植"这个字呢？因为要把这些观念变成自己的智慧。

（十四）全新的观念植入大脑

1. 设定目标后，把时间、精力、财力投入到实现目标的过程中，每一个动作、每一个环节、每一句话都要恰到好处。

2. 把种子种在有影响力、有感情、跑得快的人身上。

3. 学习原则——演说、提高领导力、打造团队（招聘＋培训＋晋升＋考核＋薪酬＋储备）；众筹、目标运用。

4. 活动原则——只参加与公司有关或是被邀请的有意义的活动。

5. 合作原则——只谈目前正在发展的项目及未来可能会涉及的项目。

6. 认同项目时，立刻付诸行动，并且带领团队行动。

7. 追求高品质、高效率地办事，以结果为导向。

8. 具有超级飞速阅读吸收能力、超级飞速行动能力、超级飞速总结能力。

在《秘密》这本书里，运用吸引力法则有三个步骤。

1. 敢于要求；

2. 相信已经拥有；

3. 满心欢喜地接受。

规划创业、规划人生是需要勇气并付出代价的。理想是丰满的，现实却很骨感。你规划好了未来，相信给你动力，怀疑给你阻力；也可能你的规划没有完成，抱怨给你负能量，接受给你自信。在整个过程中，心态是很关键的。

（十五）习惯养成法

培养一个习惯需要 21 天，培养好习惯会令你受益终生。有些人喜欢早起，有些人喜欢晚起；有些人做事严谨，有些人行为散漫，这些都是习惯使然。中学时代，我的学习成绩很差，多次考试成绩都是班上最后一名，因为我没有养成良好的学习习惯，每天迟到、早退、上课睡觉、不写作业对我来说是家常便饭。读大学以后，我开始创业，发现创业需要合理安排时间。开会一定要提前 10 分钟到，开会结束后还要花时间梳理思考。就这样，我仔细总结，改变了不良习惯。

（十六）我每天的习惯安排

早上 7：00 起床后，听张妹的《一起摇摆》，来自《中国好声音》第三期。

每个人的昨天都会有很多伤痛、很多不美好的记忆，这些不好的记忆会影响我们今天的思考，影响我们的行为及结果。很多人总是活在过去，受过去的影响非常大，这会阻碍当下的发展。时间在流逝，每个人都在变，社会在进步，我们也应该跟着变化走。

我每天一睁眼就去听这首歌，昨天不美好的回忆就会被忘记。我们的大脑里不是积极的思想，就是消极的思想；不是你渴望的东西，就是你讨厌的东西。如果我们变得积极向上，那么在心态、行为和结果上就都会有很大的改变。

再听陈梓童的《双截棍》，来自《中国好声音》第一期。

每个人都有属于自己的"双截棍"，姚明的"双截棍"是打篮球，巴菲特的"双截棍"是投资，刘翔的"双截棍"是跨栏，郎朗的"双截棍"是弹钢琴，周杰伦的"双截棍"是写歌、唱歌，周润发的"双截棍"是演戏，冯小刚的"双截棍"是导演，陈晧宇的"双截棍"是教青年创业者学会规划人生蓝图。

大部分人都不知道自己有独一无二的天赋，其实，每个人身上都有一个潜能开关，把它找出来，打开，那么创业生涯、人生经历会变得非常精彩。听第一首歌已经忘记昨日的伤痛，听第二首歌，我会更加自信，能量十足，整个人就更有精气神儿了。

7∶30 洗漱完毕后，做能量操 5 遍。能量操口号："左脚！右脚！啊！这是多么美好的一天，充满着爱、热情、效益、感恩、力量！"

7∶45 到达公司，完成昨天未完成的事，做今天的规划。

将事情分成轻重缓急，先做重要又紧急的事情，空闲时做重要但不紧急的事情，集中时间处理琐碎的事情。能两分钟内处理完的工作，马上做完，绝不拖延。

12∶30 午饭 + 午休。

在吃饭、走路的时候，思考本月规划及本年规划（培养超前的思维）。

14∶00 参加活动，与比自己优秀的朋友聊天。只参加对团队和个人成长有益的活动，绝不去凑热闹。

17∶00 晚饭。关注大学生学习、就业和创业的动态，思考如何更好地帮助他们。

18∶30 阅读、写作、写策划方案。

19∶30 看新闻联播，关注国家政策、国际形势等。

23∶30 思考一些问题。

思考一：今天自己的不足之处在哪儿？

时刻反省自己，一切发生在自己身上的事情都与自己有关，无论是什么事情。在《秘密》视频中，一切发生的事情都是自己吸引来的，不断改正自己，运用天赋，这是成长的捷径。

思考二：今天和昨天相比有哪些进步？

与昨天的自己比有进步就是在成长。每个人的经历与阅历不同，每个人都是独一无二的，只要有进步，你就是最棒的。

思考三：今天你创造奇迹了吗？

走出去，我才发现外面的世界多精彩。在学校有学校观；在中国就有中国观；走向世界，才会有世界观。很多人的生活都非常精彩。

有一位老先生叫赵慕鹤，1911年出生于山东省金乡县，1918年（7岁）入私塾，1925年（14岁），随清朝拔贡赵朝仪学习鸟虫体书法。18岁之后他考进师范学校，抗战期间曾到安徽阜阳第一联合中学任教，抗战胜利后，在于震华文学院就读直至毕业。1948年，解放战争时期，赵慕鹤移居金门，后于1951年（40岁）移居台湾省。

1955年（44岁）后，通过普考的赵慕鹤于高雄女子师范学院（今台湾省高雄师范大学）任教，直到1977年（66岁）退休，之后又被校方延揽为营建监工。1986年（75岁），他当背包客，畅游英、德、法。1998年（87岁），赵慕鹤考入台湾省空中大学文化艺术系。2002年（91岁），毕业于台湾省空中大学文化艺术系。2004年（93岁）起到医院做了二年义工。

2007年（96岁），赵先生考入台湾省南华大学哲学研究所。2009年（98

岁），他以论文《中国书法美学研究——以鸟虫体为中心》取得南华大学哲学硕士学位，名列吉尼斯世界纪录。同年他与学生林美珠发起成立"台湾省高雄鸟虫体书法协会"，由其学生迟保罗担任理事长，策划数年，于2013年新春举办第一届会员展。

2011年（100岁），赵慕鹤将其书法作品（以鸟虫体书写《三国演义》卷头词——杨慎《临江仙》）捐赠给大英图书馆典藏，并在伦敦度过百岁生日。2012年（101岁），他在香港举办书法展，并且成为畅销书作者。

看完这位老先生的故事，我被深深地震撼了。98岁，取得硕士学位，至少说明在这个年纪他仍然积极向上。我想到那句古语："人固有一死，或重于泰山，或轻于鸿毛。"我们现在才20多岁，有什么理由不去创造奇迹呢？

（十七）达到目标的方法：去、写、录、说

"去"有三个阶段。第一个阶段：去掉负能量。生活中总是有人喜欢抱怨，抱怨环境，抱怨父母，抱怨同学，越抱怨发现生活状况越不好。于是更加抱怨，结果更不好，形成一种恶性循环。有些人缺乏自信，做事屡屡失败，然后遭受打击，久而久之，有了自卑心理。有些人态度消极，做任何事都认为不可能或者没意义，其实，他们自己心里不追求意义，对于任何事情都产生不了兴趣，则会满腹负能量。应该去掉那些负能量，积蓄正能量，正能量会让你变得自信，而且思维活跃。

第二阶段：去掉不良习惯。习惯决定成败。经常保持微笑，是一种习惯；事事守信用，是一种习惯；早睡早起是一种习惯，经常赌博也是

一种习惯。习惯为什么对一个人的成长至关重要？因为重复的频率太多，例如早起，一年365天，每天比别人早起一小时，一年365小时，十年3650小时，即约152天，接近半年时间，这半年你可以创造很多成果。同样，晚起，也会失去很多。当习惯用数据来量化时，你就会恍然大悟。

在我的公司，有一位伙伴，经常控制不住自己的情绪。菜不好吃这样的小事，他会愤怒；住宿环境不好，他会愤怒；解决不了客户的问题，他会愤怒。总之，只要不开心，表情就会写在脸上。他是跟随我时间最久但成长最慢的人。习惯严重影响了他的发展。对一个创业者来说，这是致命的弱点。你的客户，不会因为你的愤怒买单，只会因为你服务得好买单；你的同事也不会因为你的愤怒而支持你，你的老板更不会因为你的愤怒而提拔你。

大家可能都听过这个故事。1945年，毛泽东到重庆与蒋介石谈判时，一整天都没有抽一支烟。毛泽东走后，蒋介石感叹："这个人不得了！毛泽东嗜烟如命，但在与我谈判的一整天，他竟然一口烟都没有吸。"一个人如果连自己的情绪、欲望都控制不了，他怎么能管理自己的事业与生活呢？

我出生在经济比较落后的北方，却在南方发达城市创业。我发现北方的村民，春种秋收，冬天农闲时晒太阳、打麻将者居多。北方的商人，春天筹备，夏天行动，秋天收获，冬天则聚会。聚会一定离不开喝酒，喝到天昏地暗。南方却不同，南方的农民春种秋收，夏天、冬天找一些兼职做。南方的商人经常参加项目交流会、总裁培训会、企业启动会等。因为习惯不同，南北方的经济状况也不同。一个习惯——北方人喜欢喝酒，喝得酩酊大醉，却什么事情都没谈成；南方人却喜欢喝茶，一般公司都有一套茶具，边喝茶边谈项目，把时间花在有意义的事情上。

第三阶段：去掉无知。没有了负能量，没有了不良习惯，你可能会发现你的目标仍然无法实现。这个时候，你需要静下心来学习、沉淀，唯有给自己的大脑充电，你才能快速成长，让自己变强大。

我从小学开始到大一暑假结束都没有养成不断阅读、不断学习的习惯，曾经换过七所学校读书，最后也只是勉强读了一所"三本"院校。

改变从大一暑假时开始。那时我在办中小学生辅导班，简单地说，就是给中小学生当家教。我当时是负责人，前期负责招生宣传，后期负责教学管理，不用上课。

记得有一天，我到一个初三升高一的班级里去听课。上课时我发现，我根本就听不懂。下课后，一个同学跑过来问我："老师，你帮我看一下这道题，我前一部分可以做出来，但是后一部分想不通，你帮我看一下吧。"我浏览了一遍题，一点儿思路都没有，连他做出来的部分我都看不懂。我勉强自己又看了一遍题目，但仍然一点儿思路都没有。

这个时候，我该怎么办呢？我喊物理老师过来："张老师，你过来帮这位同学看一下这道题，我现在还有事。"然后就转身离开了。那一刻，我告诉自己："如果你确定自己要做教育行业，以你现在的水平来说是远远不够的。"连学生最基本的问题都解决不了，又怎么能把它当事业来做呢？那一刻，我被严重地刺激了，下决心要用足够的知识来充实自己。

写：把你的目标写出来，你看到的文字比你想到的理论给你的印象更深刻，可以写在笔记本上、衣服上等。记得我举办首届"蓝图主题青年创新创业特训营"时，一个女孩子的目标是减肥至45公斤、变成"女

神"，期限是 2016 年底实现。我告诉她："你把这个目标写在卡片上
并放进钱包里，这样每次当你打开钱包想买东西时，都会看到自己的目
标。你就会想，吃了美食则减不下去，要想减肥，必须控制自己的食欲。"

你写的目标一定要让自己经常看到，在潜意识里不断地重复自己的
目标，一个人潜意识的力量比意识的力量要大几十万倍。在日常生活中，
有种种困难和诱惑会阻碍我们实现目标，只有经常重复，经常提醒自己，
才能有效果。

录：把你的目标做成 CD、视频。小时候，我们看过的电影和电视
剧里，之所以有一些故事情节现在还记忆犹新，也是因为画面给我们留
下了非常深刻的印象。所以，要把自己的目标以形象的、能给自己留下
深刻印象的形式记录下来。

说：公开承诺你的目标。承诺的力量是巨大的。让你的家人、朋友、
同学都知道你的目标，既可以起到监督自己的作用，又能得到更多的帮助。

（十八）找到天才

从兴趣到优势、再到天才的过程。
你对什么感兴趣？

你在哪个爱好上投入的时间、精力最多？并且已经把那种爱好演变
成自己独一无二的优势？

你在哪一个优势上坚持了一千小时，甚至是一万个小时？

郎朗的天分是弹钢琴；

周杰伦的天分是写歌和唱歌；

周润发的天分是演戏；

周星驰的天分是演喜剧和做导演；

冯小刚的天分是导演电影；

我的天分是教授青年创业者找到人生规划的蓝图。

思考：你的天分是什么？

发现天分八大问句：

哪八件事情最能展现我的耐心？

哪八件事情是我做得比别人更快，又比别人做得更好的？

哪八件事情最能让我废寝忘食，三天三夜不睡觉都兴奋不已？

别人最称赞我的八件事情是什么？

哪八件事情最能激励我，或者让我感动？

五年后，我会在哪八个方面表现杰出？

我绝对不能接受自己在哪八件事情上退步？

我认为在我离开这个世界时，人们最怀念我的八件事情是哪些？

2013 年 10 月 24 日，我思考了这八个问题，并且写下了答案。

7. 协助每次演讲活动的开展	6. 阅读	5. 奉献自己的力量
8. 帮助别人	一、哪八件事情最能展现我的耐心？	4. 分享自己的故事
1. 看励志视频	2. 听励志演讲	3. 去各地参加有价值的活动

7. 不断发现新事物	6. 和团队成员一起谈发展	5. 给学生做辅导
8. 目前没实现	二、哪八件事情是我做得比别人更快，又比别人做得更好的？	4. 和志同道合的朋友聊天
1. 参加大型演讲活动	2. 接受严格的体能训练	3. 站在舞台上分享自己的经历

7. 培养领导能力	6. 练习一流的口才	5. 投资未来
8. 提高接受新信息的能力	三、哪八件事情最能让我废寝忘食，三天三夜不睡觉都兴奋不已？	4. 投资旅游
1. 投资健康	2. 投资社交	3. 投资学习

思考：

4.1 哪八件事情最能展现我的耐心？

	哪八件事情最能展现我的耐心？	

4.2 哪八件事情是我做得比别人更快，又比别人做得更好的？

	哪八件事情是我做得比别人更快，又比别人做得更好的？	

4.3 哪八件事情最能让我废寝忘食，三天三夜不睡觉都兴奋不已？

	哪八件事情最能让我废寝忘食，三天三夜不睡觉都兴奋不已？	

4.4 别人最称赞我的八件事情是什么？

	别人最称赞我的八件事情是什么？	

4.5 哪八件事情最能激励我，或者让我感动？

	哪八件事情最能激励我，或者让我感动？	

4.6 5 年后，我会在哪八个方面表现杰出？

	5 年后，我会在哪八个方面表现杰出？	

4.7 我绝对不能接受自己在哪八件事情上退步？

	我绝对不能接受自己在哪八件事情上退步？	

4.8 我认为在我离开这个世界时，人们最怀念我的八件事情是哪些？

	我认为在我离开这个世界时，人们最怀念我的八件事情是哪些？	

第五章　领导力：你的成就不会超过你的领导力

一、"如果你疯狂，你就赢了"

"如果你疲惫，你就输了；如果你疯狂，你就赢了。"这是鸟叔的名言。如果我们能把鸟叔跳舞的状态运用于我们的日常生活，那么每个人都可以成为自己奋斗领域的王者。

有一次，我参加一个西方励志学的企业总裁培训。当时买到了 VIP 组门票，我们一桌 8 个人一起学习。刚开始学习时，现场掌声不断，我发现大家都坐着鼓掌，只有旁边一位同学站着鼓掌。我学习他，也站起来鼓掌；他跳起来鼓掌，我也跳起来，他就站到凳子上去了。上午的学习结束后，我和他简单地沟通了一下，得知他是 1976 年出生的，他的公司年营业额在 5000 万元以上。看到他的状态，我告诉自己一句话："无状态，不出门。"你浑身充满能量的时候，身边的人也会被带动起来，一个人会影响一大批人，一大批人会影响更多的人。

西方励志学的激情是外在的，有想法的年轻人非常喜欢有激情、有活力的环境，在这样的环境中，他们每天都非常有激情和活力。但是也有一些年轻人因为学习成功学，变得很浮躁，急功近利。现在成功学已经没有以前那么受欢迎，对其也有一些不好的评价。

中国传统文化给人的激情是内在的，对于一个人的成长而言，从内心深处迸发出的力量是巨大的。莫言曾经说过："文学与科学相比，的确没什么用处，但文学最大的用处，也许就是它没有什么用处。"教育也是如此，所谓分数、学历，甚至知识都不是教育的本质，教育的本质是："一棵树摇动另一棵树，一朵云推动另一朵云，一个灵魂唤醒另一个灵魂。"能量也是如此，是可以传递给别人，影响别人，甚至改变环境的。

让自己有领导力，能够把能量更多地传递给别人，影响别人，甚至影响世界。

二、领导力：梦想的实现，要等到实现梦想的人到齐

一个梦想的实现，一定要等到实现梦想的人到齐。你要学会组建梦幻团队来实现梦想。要能够网罗人才，才尽其用，留住人才。世界第一名的领导力大师约翰·麦克斯韦尔说过："你的成就不会超过你的领导力。"关于提升领导力，以下五大关键点非常重要。

（一）信任是领导力的根基

得到信任对领导者来说非常重要，被信任是领导力的根基，是整个组织的黏合剂。领导者不可能一次又一次地失信于人还保持影响力，这种事情是不可能发生的。我亲身体会过信任的力量。2015年3月至6月，我们组建600多人的大学生团队运营中小学生暑期培训项目，我们选择了60个县、镇作为我们的根据地来运营。由于规模太大，中层力量薄弱，

在协助每个根据地解决问题时没能完全兑现承诺。到了 9 月，600 多人的大学生团队只剩 20 多人了。如果当时能给大家一些安抚或者补偿，我想结果应该会好很多。这都是我当时领导力不足的表现。

信任就像领导者口袋里的零钱，每次做出英明的决策，都能获得更多零钱；而每次做出糟糕的决定，就等于零钱被人拿走了一些。刚到领导岗位上时，所有的领导者口袋里都有一定数额的零钱，随着他们的表现，数额会有所变化，增加或者减少。如果领导者总是做出糟糕的决定，那么他口袋里的零钱就会越来越少。有一天，在他做出一个错误决定时，会忽然无可挽回地被拿走所有的零钱。

这次错误是大是小已经不重要了，一切都已经无法挽回。用光了硬币，你也该从领导岗位上下来了。信任是领导力的基础，领导者应该如何获得信任呢？要通过工作能力、亲和力和优良品格赢得信任。

人们会原谅你由于能力原因偶尔犯下的错误，特别是当他们看到你作为一个领导，还在不断追求进步的时候，他们会给你一些时间和他们建立关系。但他们不会信任那些人品有问题的人，在这方面，哪怕是偶尔的失误都是致命的。任何优秀的领导者都应该知道这个道理。

克雷格·韦瑟拉普是百事可乐瓶装集团的创始人兼首席执行官，现在已经退休了。他承认："人们会宽容保持诚实犯下的错误，如果失去了他们的信任，你会发现很难再取得信任。因此，你必须把别人的信任视为宝贵的资产。你或许可以欺骗老板，但绝不能欺骗你的同事或下属。"

信任是基础，人品是保证，更是每个人的无形资产。公司选择员工、选择合作伙伴首先都要看人品，好的人品能够增加信任感。

（二）如何建立亲和力

有亲和力就是把团队中的每个人都当作不同的个体来看待。诺曼·施瓦茨科普夫曾经说过："能干的领导者站在一排士兵前面，他们所看到的就是一排士兵，但是伟大的领袖站在一排士兵面前，看到的就是每个个体，他们每一个人都有自己的梦想，每个人都想好好活下去，每个人都想有所作为。"如何建立亲和力呢？以下几点非常关键。

知己知彼：认识了自己就等于认识了世界，充分认识自己的优、缺点，对打造亲和力有很大的帮助。不仅知己，还要知彼，了解对方的优、缺点，对自己扬长避短，对别人捧长避短。当你和别人共事时，要了解对方，包括了解他过去的经历以及他的梦想。当你和很多听众交流时，要了解这个组织和组织的目标。你要谈论他们关心的话题，而不只是你自己关心的话题。

身体力行：作为一名领导者，你能做的最重要的事就是身体力行。这是信任的基础。有很多人对别人说一套，自己背后做却是另一套，这样的人做事不长久。

换位思考：领导者必须站在对方的角度去思考，关注他的言谈举止，关注他关注的焦点，关注他的问题。做一些对他有帮助的事情。比如，可以给他一些自信、一些正确的方法论，以及有帮助的资源。帮助对方其实就是帮助自己，你能成就多少人，你的成就就有多大；你能站在多少人的角度去思考，就有多少人也站在你的角度思考。比如，你每天都会为全公司的员工、股东着想，考虑他们的住宿、他们的家人、他们的感受，那么他们一定也会为公司考虑，为老板考虑。

讲述愿景，带来希望：要学会给团队未来，给团队动力，其中有两种形式：其一是物质，发工资与奖金；其二是精神，你公司的愿景与员工个人的职业生涯规划，简单而言，就是可以看到未来几年的发展前景。法国名将拿破仑·波拿巴曾经说过："领导者是希望的经营者。"这是千真万确的。当你给别人希望时，就等于让他们拥有了未来。

（三）领导力需要日积月累

领导力的形成并非一朝一夕之事，而是有一个过程。团队每一次会议的效果，每一次活动给员工留下的印象，每一个项目的落地，你每一天的言谈举止，都与领导力的形成息息相关。

在美国历史上，罗斯福堪称最强壮的人之一——无论身体上还是精神上，但他并非生来如此。这位牛仔总统出生在曼哈顿一个声名显赫的富裕家庭，小时候，他体弱多病，患有虚弱性哮喘，视力很差，而且瘦得让人心疼，他的父母甚至不敢确定他能不能活下来。

12 岁时，小罗斯福的父亲告诉他："你有头脑，但是身体不好。如果没有好身体作为支撑，头脑的作用就不能发挥到'极致'，你必须打造一个强健的体魄。"

罗斯福遵从了父亲的建议，开始每天都花时间锻炼身体，同时丰富自己的头脑，他一生都是这么做的。他举哑铃、远足、滑冰、打猎、划船、骑马，还练拳击。后来，罗斯福评价自己的进步时，承认自己孩提时"非常紧张、胆小"。但是他说："从那些成功人士的故事中，从我父亲身上，我看到了一些无所畏惧的人，能够把握自己命运的人。我对这些人非常崇拜，我也非常想成为那样的人。"罗斯福从哈佛大学毕业的时候，就已经很像这些他所崇拜的人了，他已经做好了应对世界政治风云变幻的准备。

（四）设定成长计划，下一个奇迹就是你

我们都知道，成长对成功很重要，名、利、权只是成长过程中的产物。成长计划需要根据梦想来制订。

我 26 岁时的目标是：成为 90 后企业家。我要学习的知识是：中国历史、企业系统（包括组织系统、营销系统、运营系统等）、财务管理、成功企业的核心等。我计划要看的书籍是：《企业操盘手》《企业长青》《系统的力量》《用系统赚钱》。每天的规划是：早晨浏览成功人士的经历，上午研究公司发展方向及其优缺点，下午处理公司的问题，晚上与"大咖"聊天。

我 28 岁时的目标是：成为 90 后演说家。我要学习的知识是：演说的境界与目的、演说的技巧、所有名人的演讲。我计划要看的书是：《下一个奇迹就是你》等。我每天的规划是：早晨练习普通话，上午看知名演说家的视频，下午按照时间安排去演讲，晚上继续演讲。

我 30 岁时的目标是：成为中国知名作家。因此，本书将是我人生中的第一本畅销书。我要学习的知识是：阅读好文章，掌握写作技巧，拜访知名作家。我每天的规划是：写 3000 字，提升写作水平，积累文字，坚持到底。这样，两个月就能写 18 万字，就可以出版。在写作上有了一定知名度，就能拿到出版社的版税。

（五）有自己的价值观

你是什么样的人，你就会吸引什么样的人：你讲诚信就会吸引讲诚

信的人，你讲正气就会吸引有正气的人。诚信、正气都是价值观。价值观影响你每一天的每一个决策，这些理念是你评价人和事的标准，价值观会影响一个人的一生。我们从中学时就开始学习树立正确的人生观和价值观，足见它的重要性。

我们公司的价值观是：忠诚、责任、感恩、付出、创新。任何一家公司、一个组织，都要培养对上忠诚、对下诚信的员工。没有忠诚度的员工，要把他培训得有忠诚度是需要很大成本的，所以我们把忠诚放在首位，其次是责任。

创业时，前期找股东、找员工，不是叫他们来分红及享受的，而是来一起承担责任的，是要一起渡过难关的。有责任感的员工会自觉地工作，没有责任感的员工则会说一次做一次，推一把动一下。

感恩也非常重要。感恩你的领导、感恩你的团队、感恩你的下属，成功是团队的，失败是你自己的。越感恩你的团队，你的团队会越强；越抱怨你的团队，你的团队会越差。

付出也是必须的，只有不断地发现问题、解决问题，公司才会越来越完美。不断地实现企业目标，同时自然也会实现个人目标。

创新更是不容忽略的。在竞争激烈的今天，对公司而言，不断地创新才会有核心竞争力。我们之前做过一个模式比较简单的项目，项目结束后，公司换了办公场地、买了车。这个项目只要别人跟随做一次，就能学会那种模式，好多朋友看这个项目不错，第二年也要做这个项目，用我们之前用过的模式，还亲自来我们这里学习。我毫无保留地跟他们分享了项目的运作模式。他们很惊讶地问："难道你不怕我们学会吗？"我告诉他们："我的核心竞争力是创新，你可以复制我们的模式，但是复制不了我的团队。"为了推动企业进行技术创新，格力电器每年把3000—5000万元资金投入到新产品的研制开发上，每年都有十多个新产品投放市场。格力在公司创建后的六年里，开发出六大系列、130多个空调新产品，拥有68项专利。

三、走过一生，你会留下什么

"活着，就是为了改变世界"，这是乔布斯先生的名言。乔布斯有多大的力量呢？他改变或颠覆了手机、个人电脑、动画电影等全球六大产业；毛泽东和中国共产党人，充分利用人民群众的力量，建立了新中国；成吉思汗是一代天骄，约800年后的今天，人们还在讲述他的故事；孔子的思想传播了两千多年。这些伟人虽然已经离开了这个世界，但他们的思想与精神却永远活在人们心中。

活着的意义到底是什么？我们赤裸裸地来到这个地球上，又赤裸裸地离开，来去匆匆，如果没有留下一点儿痕迹，我们活着的价值又是什么呢？

这个问题令我纠结了很久。创业之初，是为了给家人更好的生活；现在创业，是为了成就更多的青年创业者，同时成就自己。如果有一天企业做大做强，财务自由，我该做什么？我一直在思考这个问题。有一天，我终于想通了。

我活着是为了把思想流传下去，只有思想才永远不会死去。孔子走了，《论语》却一直在流传；成吉思汗走了，他的故事却一直在流传；毛泽东逝世了，他的思想却一直在流传。我坚信，梦想系统在任何时候、任何地域，对青年创业者都会有非常大的帮助。如果这套理论系统有价值，当然，这需要到社会上去验证，我愿意投入更多精力、时间和财力让它流传下去。

在 26 岁之前，我会把这套理论系统运用于自己的企业，大规模地实践，成为企业家。28 岁时，我会用演说的方式把它传播给更多的青年创业者，感召他们去运用与实践，我也会成为演说家。30 岁时，我会通过写作，把理论系统的完整版创作出来，将其申请为专利，我自己也成为作家。40 岁时，这套理论系统经过 17 年的验证与研究，如果有价值，我会坚持一辈子去推广与发展它；如果没有价值，我相信会有更多有价值的内容值得我去推广，我也会成为教育家。45 岁，我希望自己能实现财务自由，可以用更多的财富和精力去做慈善事业。

第六章　大学告诉了我什么

大学告诉了我什么

读万卷书不如行万里路，行万里路不如阅人无数，阅人无数不如名师指路。

我们从小读书，毕业后才发现到社会上能用到的书本知识很少。原因很简单，社会在进步，我们学习的知识却没有变；我们不知道社会需要什么，只能按照传统思维去学习。

我离开学校后，每年至少去十个城市。我到一个新的城市，都要感受人文环境、社会资讯、风土人情……其实，这些真实事物告诉我的，远远比课本里讲到的多。

举一个例子：在书本里学到的庐山瀑布的气势，你要大胆地想象，才能隐约地理解。到现场就不一样了，直观瀑布——飞流直下三千尺的壮观，你会被大自然的美景彻底征服，会对自然、对生活更加热爱，这种感觉只有身临其境才能体验到。

现在看中国地图，我发现大部分地方自己都去过，我也有到国外游学的想法。只有观世界，才会有世界观。井底之蛙的故事大家都听过，你的视野只有那么大，你认为自己是正确的，事实上可能是错误的。

用两种方式学习吸收比较快：第一，读书；第二，和比自己优秀的人聊天。为什么和比自己优秀的人聊天呢？主要在于"优秀"二字，结果比你好、习惯比你好、人脉比你广、资源比你多，那一定可以给你一些启发，跟你分享一些好观点和一些优质资源。

好学生不等于好员工。我们经常会看到有些同学小学时在班里的成绩是第一名，中学时在班里成绩也是第一名，大学时在班里的成绩还是第一名，毕业去公司实习却不是第一名。学校衡量一个学生是否优秀的依据是分数，而公司衡量一个员工是否优秀的标准是业绩，公司和学校的评判标准是不一样的。因此，学生在提高分数的同时，更应该注重各方面能力的提高。

第二部分

梦想的力量

江佩娟

美索主题旅行创始人

第一章　创业与成长，都是向内求

一、追求梦想，不断实现价值

她叫江佩娟，今年 24 岁，美索主题旅行创始人，美索信息技术互联网公司及旅行公司 CEO，毕业于中央音乐学院艺术管理系。她热爱旅行，喜欢探险，擅长制作专业的旅行定制方案，她的工作就是给各种具有定制需求的个人、企业，结合其背景和诉求，以最短的时间、最快的速度制定并落实保障体验感的旅行线路。接下来她准备邀请 20 位名人，不定期和我一起去全球各地旅行 5 天时间，然后写一本名人游记，出版并发行。

江佩娟是一个热爱生活、追求梦想、渴望不断实现自己人生价值的女孩子，她喜欢唱中韩英日的好听歌曲。江佩娟会去有文化特点和情怀的地方旅行，喜欢写下自己的故事，让别人分享她的爱恨情仇。

江佩娟热爱滑雪、跳伞、潜水、蹦极，以及骑单车等户外运动，她的目标是自己定制的产品覆盖中国大江南北，服务更多的人。

二、有渴望，才能实现梦想

（一）在中央音乐学院求学

坚其志，苦其心，劳其力，事无大小，必有所成。

——曾国藩

没有艰辛，便无所获。每一次发奋努力之后，必有加倍的赏赐。人生伟业的建立，不在能知，乃在能行。任何的限制，都是从自己的内心开始的。

你可以想象，一个被老师拒之门外的学生，在通过不断恳求老师给予自己一次机会、不断疯狂地刻苦训练以后，仅用一年的时间，不仅被老师认可，最后还获得中央音乐学院艺术管理系乐器全国第一、面试全国第一、综合成绩全国第二的佳绩吗？

中国有八大音乐学院，分别为：中央音乐学院、中国音乐学院、上海音乐学院、南京音乐学院、沈阳音乐学院、四川音乐学院、武汉音乐学院、天津音乐学院。中央音乐学院培养了许多优秀人才，如钢琴演奏王子郎朗，著名歌唱家李双江、金铁霖，现代流行音乐创作人汪峰，都是音乐界有影响力的人物。

江佩娟所报考的中央音乐学院艺术管理系，每年在全国招八名学生，其他专业每年招收人数不等，最少的每年招两名，最多的如钢琴每年招20名。招生范围是全国，也就是说必须是全国排名前几名、全省第一名，才可能有机会被录取。

每个父母都望子成龙、望女成凤，江佩娟的家庭也不例外。

江佩娟的舅舅是北京工建企业集团的董事，大伯是清华教授，姑姑在复旦大学任职，姐姐在澳洲念书，江佩娟的父母希望她能够考上非常理想的院校，毕业找份儿好工作。江佩娟有一个简单的心愿，就是不让父母担心。为考上中央音乐学院，她非常认真、耗尽心力。

江佩娟从小获得无数考级证书和各种比赛的奖项，直到16岁她去了北京，见到了她的授课老师，老师的一番话让江佩娟彻底重新认识了自己。

"这些证书是没有用的。"这是江佩娟在北京第一次与她的专业指导老师见面时，老师对她说的话。江佩娟一听就蒙了。后来老师批评江佩娟演奏欠佳的话更多，江佩娟当时感觉眼前一片模糊，耳朵瞬间失聪。时间仿佛停止了，后面老师又说了什么江佩娟都忘了。之后的那些日子是最难熬的，每晚在梦里也反复响起"这些东西没有用"这句话。

后来江佩娟才知道，这些证书全部是业余比赛的"战果"，相对于真正的职业比赛，根本不值一提。这是外行所不知道的，是内行人的一种透明的规则。如果说前面的打击是一盆冷水，从江佩娟头上倾盆而下，接下来发生的事，更让她犹如掉进冰窟里。

江佩娟还记得那天，指导老师安排了一次摸底测试，让他们演奏所

為 **梦想**，豁出去

报考的乐曲。江佩娟的乐器是二胡，她对它的每一个部位都很熟悉，她认为自己哪怕闭着眼睛都能完整演奏。当天她演奏的是《长城协奏曲》，这首曲子的难度系数非常高，她练了不下几百遍，相信自己能演奏出优美的音乐。

可是，到来的又是晴天霹雳。她记得很清楚，老师说"开始吧"，她挺直腰板，深呼吸，进入演奏状态。但演奏了不到一分钟，老师就喊"停"，江佩娟的脸顿时就绿了。

老师不想收江佩娟这个学生，她的水平还不够资格。老师还婉转地告诉她，有个学生演奏二胡八年都没有考上，浪费了大好青春，实在可惜。当时江佩娟就感觉老师这是在说自己。

江佩娟不断地问自己怎么办，是去还是留，这问题如古老的钟摆，在江佩娟心头徘徊了三天的时间。那年，江佩娟16岁。"对于一个小姑娘来说，希望和梦想支撑她在北京求学，她也不想让父母失望。难道就这样灰头土脸地回家吗，我该怎么办？我的骄傲和渴望不允许我就这么回去，因为我是江佩娟，我要成为不平凡的人。"江佩娟说。

（二）渴望与努力让我进入名校

江佩娟说：

"最终我留在了北京，带着坚定的信念。我给老师发了一条短信，恳求他能给我一次机会，让我过段时间再演奏给他听。起初老师不同意，但禁不住我苦苦恳求，老师答应了，并且强调只有这一次机会。我做好准备迎接即将到来的闭关苦修，用我的骄傲和渴望，直面孤独。为梦想豁出去，坚持到底，相信自己的选择。每次想到自己的梦想和决心，我就深夜或凌晨爬起来，用冷水洗脸，让自己振作起来，看书，准备乐理、乐谱，做练习。

"我没有住校，为了可以肆意练琴，我在学校旁边租了间 20 平方米的地下室。生活逐渐进入了地下室和琴房间的两点一线，每天的生活是灰白色的。那一周是我最难熬的日子，谈不上梦想，最大的渴望仅仅是可以成为老师的学生，最害怕的是与老师擦肩而过。我每天都不敢闭上眼睛，一闭眼老师的面孔就会出现在我眼前。皇天不负有心人，一周以后，再次站在老师面前，我的演奏水平明显提升，把老师'征服'了。

"我把握住了跟老师学习的机会，但是接下来的挑战更加严峻。当心中存在无比渴望的目标时，苦，又算什么？苦着苦着就习惯了。老师的要求，甚是严苛，每个音、每个节奏都要求丝毫不差。那段时间，我疯魔了，从早到晚不间断地练习。一个长音，一天练上万遍。都说演奏乐器的女孩儿，手肯定很漂亮。但当练习进入疯狂的状态时，即使手指磨破，全是老茧，我也没有停止。

"那一年，我知道说什么都是多余的，只有八个字，就是'努力，努力，努力，努力'，把每门课程学到'极致'。我经历了不同老师的审阅，乐理、乐器、声乐、理论、论文、口才、音乐史，每一天都处在忙碌中。自己就像流水线上的产品一样，只有上课和下课，会被贴上合格或不合格的标签。每天上课必带录音笔，因为老师从来不讲第二遍，字字珍贵，为了能让自己课后训练达到要求只好如此。

"一年过后，我参加了二胡演奏考试，整个大会堂，下面只有评委老师和待考学员，我一个人坐在台上。看了一下演奏的题目，我闭上眼睛，好像又回到了地下室那般疯魔的状态。一年的陪伴，二胡的每一个部位、每一方寸，就像我身体的一部分，和我的手指一样灵活。我用心演奏，每一个音符流动出来的时候，倾诉的不是乐曲本身，而是一年的过往，一年地下室生活的回忆，一年一个人孤身在外的回忆，一年一个人承担的所有压力，一个人为了能够达到'极致'的标准，所做的一切努力。三个曲目的演奏时间只有13分钟，而这13分钟，倾注了我对人生的希望。我等了太久太久，也渴望了太久太久，为了这13分钟里流出的每一个乐符，我付出的一切，历历在目。流动的音符在手指间转化成为流畅的乐曲，直到结束。仅仅就这些吗？不是的，还有论文和口才等各种考试，我最擅长面试和论文，发挥超出了自己的想象。因为我针对每种策划方案，每个案例都做了充分的准备，在面试中，我的着魔状态表现为，可以针对老师提出的任何问题，在3-5秒内以最快的速度非常完整地回答。即使老师提出的问题我不会，我也可以边回答边思考，前后一致，达到圆满。在这一场，我赢得了在场评委的掌声。乐理和音乐史是我最头痛的科目，发挥一般。"

结果，江佩娟不仅乐器全国第一名，也取得了口试全国第一、面试全国第一、论文全国第二、综合成绩全国第二的佳绩，因此顺利进入中央音乐学院。

现在回想起来，江佩娟觉得那时候除了坚定的信念和决心，就是她在乐器演奏方面的基础。她想当时如果动摇了，就不会有这段让自己感受深刻的"血泪史"，也不会有今天这个喜欢挑战极限又热爱生活的自己。

三、不经历坎坷，就不能见晴空

（一）迈出商业之旅第一步

江佩娟回忆说：

"我在大学期间卖过蚕豆酱，做过清华大学的线上平台代理，做过很多商业的策划和音乐会的演出操作。我发现自己特别适合做商业操作，虽然大学学的专业是艺术管理，做的是经纪人，但那和我之后的想法有很大差异。大学期间的经历，让我喜欢上商业。一个人眼前追求的或许只是暂时想要的，未必是他内心真正喜欢的。

"大四时面临毕业后是就业还是创业的问题，我选择了后者。那时我对创业并没有清晰的认识，只希望把好的产品和服务带给别人，自己也能学习经验。大学的经历让我发现，商业的本质就是把产品和服务带给别人。

"我开了一家美容院，代理的品牌是我大学期间自己体验过的一家店，那家美容院房间布局非常好，让人感觉很温馨。第一次去的时候，服务人员细心的问候、温柔的手法，还有对顾客每日饮食标准、每天心情状态的细心记录，都给我留下了深刻印象。

"当时我体验的项目是'穴位瘦身'，一次可以瘦1—2斤，价格不贵，1000元就可以瘦10斤，签约不反弹。他们的服务人员统一着装，经常打电话与顾客沟通，逢年过节会发短信问候顾客，真的特别暖心，我觉得他们一定有一套非常好的服务体系。

"我思考着自己也开一家店，摸熟整体流程，那是不是更好？我想那对我经商是有帮助的。于是我在快毕业的时候选择了做代理，用我在大学期间存的 20 万元零用钱，在自己的家乡安庆开起了这家美容店。

"这是我第一次创业，也是我第一次和妈妈合作。在这个过程中，我们以合作伙伴的关系相处。

"产品在合肥以售价的 3 折进货，300 元的产品大概是 1000 元卖出。我记得很清楚，第一天我们卖出了四个套盒，有了 4000 元的毛利润，有了个好的开始。

"开业后，我们按照总公司每期的营销手段，每次按时按点做活动，从拓展客户、转介绍到服务，一套流程走下来，逐渐有人愿意来体验。但一个星期过去了，顾客并没有预期的多，而且我和妈妈之间也初显矛盾。

"经营期间，妈妈总是习惯性地把我当成女儿的角色，感性色彩偏多。我做分内的事情，妈妈还会抱怨我做得不够好，我觉得很委屈。第一次有分歧是在服务理念上。

"甚至有一次，有个顾客来体验瘦身，我拿盆子接水，准备给顾客敷上毛巾，结果不小心弄湿了一块地板。服务结束后我忘记拖干净地板，妈妈就当众责备我，说我懒惰，粗心大意，能力差。当时我感觉脸面无存，她忘记了我在店里也是老板，不仅是她的女儿。

"类似这样的事情一次一次地发生，让我和妈妈之间距离远了些。可以说，这是我第二次创业的导火索。

"矛盾是矛盾，为了营业额增长，我们还要继续想办法。微商当时很火，我想，能不能在微信上吸引客户来店里体验呢？多一种渠道进行推广和销售也是好的。说干就干，我在微信里加大量附近的人为好友，和对方互动，让他们来我们店里面免费体验。平时让店员发传单，转介绍，效果竟然出奇的好。

"从免费体验到顾客买单消费，慢慢进入一个顾客购买率的增长期，不到一个月，店里面顾客络绎不绝。店面只有 70 平方米，顾客却每天都在白天开始早早地排队，晚上很晚还在接受服务。我们辛苦并快乐着。开业一个月后，每天仅套盒就能卖几个到十几个，单项产品也会卖，逐渐地一些整形产品植入店里，产品效果也有保证。用心的服务加上反复地宣传，来体验的客户一般都可以成交。通过大量拉顾客，转介绍，新顾客的体验和各种卡项，店里逐渐稳定运转。

"其实幸亏有妈妈帮我，不然经营期间出现的一系列问题，我可能会解决不好。妈妈做了几十年的会计，做过运输行业，做过房地产买卖，真的是一个非常能干的人。我给顾客做记录的表格出问题，也是她帮我出面解决；她还教我财务知识，做好店内服务质量和客户销售工作。

"创业办旅游公司时，我总感觉员工做得不好，心想：他们为什么不能更用心一点儿，做得更好一点儿？但他们还是只做他们该做的。那时我才醒悟，这不正是开美容院时我和妈妈相处不愉快的情景吗？

"后来我懂了，开美容院的时候，妈妈并不是在意我有没有及时清理地上的积水，而是在意我是否在她重视之后改变态度；也并不是在意我瘦身点穴速度的快慢，而是希望我能够倾听她的心声；她并不是非要对我发火，而是希望我能站在她的角度去考虑问题，能像她期望的那样不断进步。

"回想起来，感激这次开美容院的经历，那让我向商业迈出了第一步；也感激走第一步的时候，为我保驾护航的妈妈。"

（二）与混凝土打交道的日子

那时，江佩娟对金钱的渴望，让她觉得仅仅开美容院满足不了自己的胃口了，她想去找一种新的可能。所以在美容院做了三个月后，她去做减胶剂了。美容院店面稳定运营，江佩娟让她妈妈守店，还多聘请了几位美容师在店里工作。

减胶剂是一种可以降低混凝土成本的产品，加在混凝土里面，可以节约水泥的成本。举例说，本来成本需要1000元的水泥，添加上200元的减胶剂，大概只需要用500元的水泥就能达到同样效果，也就是说可以节约最少300元的成本。这是一款国家新型科技产品，属于一种无间断作业工程，因为机器一直运转，也就一直需要定时定量地添加减胶剂。只要机器一直运转，就可以形成被动收入，利润一直存在，并且一般混凝土站点的进货量都是从十几吨起步，有的甚至从100吨起步，需求量非常大，一个站点谈下来净利润一年大概在20—100万元，但是能够达成合作，也并不是一件容易的事情，因为竞争对手非常多。

江佩娟去各种站点学习，去拜访各个站点的负责人，了解每个环节和流程。经过一个月的学习，她开始了解水泥的性能，了解如何操作，以及如何与站长取得联系。

江佩娟说：

"我自己是个女孩子，到处跑业务多有不便，我想借助更多人的力量，好好抓住这样的机会。于是，我在微信和QQ上发大量的招募信息，告诉他们'一个站点的利润是20万元，一年你谈下十个站点，我分 80% 的利润给你，你看看能完成多少。我给你找资源，你只负责开拓业务'。产品资料、产品证书、专利证书、代理证书，我全部发布到空间里，所有人都能看到。很多人都给我留言，表示想和我合作；还有人想看产品资料、专利资料，我就把一些资料寄给他们。

"很多人都是被利益驱动的。我很明白不是我具备什么领袖气质，只是掌握着一个能带来暴利的产品。我愿意把这个资源分享出去，让大家一起赚钱。就这样，一个月我选定了 20 个人。

"我只做了三个月，然后越来越疯狂地赢利。当然，和工程打交道的事情，哪怕我再把各种责任分化出去，扯皮的事情也是非常多的，包括协议合同、工程款项拖欠等各种问题。

"我妈妈觉得我不适合踏入工程行业，在父母的争执之下，我又停止了前进的脚步。

"但是这个过程，总的来说非常刺激。我没有继续做这件事情，很多朋友说我放弃了好的机会，但对我来说，好像向来缺少的并不是机会，而是既能够凸显我的价值，又能让我快乐无限的事情。

"也是因为这件事，我发现自己做事情喜欢找捷径，脚踏实地的状态少了，总是想用最快的方式取得结果。是的，这会给我带来想要的，却影响了我的心态。也让我知道，走捷径会遇到很大的瓶颈和失败的可能，甚至在创业失败后才有所醒悟，那时候，我才明白活在正途的重要性。"

（三）空有东风，却无船

都说万事俱备，只欠东风，对于一个想做大的企业家来说，东风是什么呢？东风就是资源。但是仅仅如此吗？江佩娟分享了一段沉痛的经历，她希望所有的创业者都能从自己的经历中明白什么是东风，什么是船。

江佩娟回忆说：

"在培训界，我得到许多企业家梦寐以求的东西。我见到了台上的老师风光无限，知道了台下学员梦寐以求的是什么。不仅仅是学到知识，学会技巧；不仅仅是认识这些老师，加上这些老师的微信；不仅仅是老师亲自打造自己，带自己去谈生意；也不仅仅是老师亲自和自己的家人沟通自己未来的发展与规划，而是帮助自己，将头脑的空白填满。对于我来说，不仅要通过科学的方法填满我的脑袋，还要将项目变成现金的过程、目标告诉我，让我可以独立运营一家公司。

"我第一次上培训课是在2014年12月。那时候我因为在合肥和朋友赛车，将自己的鼻梁跌断，在医院养伤的过程中，找了些培训课的光盘，这是我第一次看这类光盘。看了陈安之光盘后，我对培训行业有所了解，以后又在网上搜索相关信息，发现一些QQ群有推广信息，我很快便加了进去。

"在光盘中，老师一句'教练的级别决定选手的表现'打动了我。至于在课程中陈安之老师以20万元到100万元不等的价格招收弟子，在我看来是再正常不过的事情。在这个门槛之后，才能进行资源的整合等商业合作。

"当初我想，如果投入金钱就可以丰富大脑，投入有回报，那又何尝不可？我认为钱能解决的问题，大多时候都不是问题。

"于是，我在QQ群里发布了我想成为陈安之老师弟子的信息。很多人迅速地加我，向我介绍最近的课程信息，以及他们的资料，很耐心地与我沟通，并询问了一些我的情况。直到后来我才知道，他们认为我是精准大客户，所以态度相当积极，过程中把我照顾得非常好。

　　"第一次上课在深圳，杨涛鸣老师的'走火大会'，钻石席的票是深圳博一集团的冠军哥塞给我的，要求我必须去。就这样，我踏上了学习之旅。课程是四天三夜，四个老师分别上课。我非常喜欢这种氛围，也对老师讲的内容很感兴趣。

　　"成交环节，我踊跃地上台了。当所有人报名了杨老师8800元的课程时，我说了一句：我想报名18.8万元的弟子课程。全场震惊。

　　"后来，杨老师找我私聊，问我为什么希望成为他的弟子，我回答：'助教告诉我，杨老师能帮他的弟子实现梦想。'杨老师问我的梦想是什么，我说希望您帮我实现的第一个梦想是，您刚才分享的在笼子里观看鲨鱼，我想和你一起去；第二个是您分享的跳伞，我也想和你一起去；第三个是我对未来的选择有许多迷茫，希望能得到您的指导，为我规划人生。

　　"无独有偶，之后一个月我专门在各地听课，每次课堂上，我都坐在前排，并认真做笔记。有一次，我来到了厦门学习，在深圳课堂上认识的另外一位老师，'金融魔法师'秦仁杰认出了坐在前排的我。他当着400多名学员的面，表扬我爱学习。我很激动，我给他们机构的助教发信息说了这件事。那天助教无意中告诉我：'今天秦仁杰老师感冒了，你要不要买点儿药送过去？'我说，我买药，老师会接受吗？老师不认识我呀！她让我试一试，我鼓足勇气，决定试一试。

　　"我一个人离开了课堂，找了很久药店，买了各种治疗感冒的药。除此之外，我觉得面见老师应当正式一点儿，因为我到处去学习，身上的衣服脏脏的，我便非常快地在商场买了一套衣服，回来时还没下课。我想在课间把药送过去，却被人拦了下来，问我：'老师下课很累，有

119

什么事我可以转达吗？'看来是有太多人找老师了，我把药交给了秦仁杰老师的现场助理，希望他能转交。后来助教给我加了老师的微信，说秦老师对我送药表示感谢，并让我加了微信后，做一番自我介绍。

"在微信上，我介绍说自己是中央音乐学院在校学生，因为很喜欢学习，就一个人来跟了几次课程。几分钟的对话后，秦仁杰老师说他要去广州做下一场演讲，问我要不要一起去。不到一分钟，我便做了决定：去，一定要去。我订了机票，发了截图给他看。

"后来，当我们非常熟了以后，秦老师说，那次，我敏捷的速度惊到了他，他说我是他见过的学生里执行力最强、做决定最快的一个。

"不可思议的事情就这样发生了。我是在进入培训行业的第七天结识秦仁杰老师的。一个月时结识了天海网 CEO 张泰来老师，他亲自去了我家，帮助我的美容院提升业绩，做股权模式。一个半月时，秦仁杰老师给我机会去见了李开复先生。两个半月时，我被秦仁杰老师送到云南了解旅行市场，准备开拓旅游市场。

"三个月时，我误打误撞，有了广州电子信息技术公司。当我拥有自己的一家具有分销系统、注册地址是广州某办公楼的公司时，我都不知道分销系统怎么用。我当时不知道如何运作这个公司，也不知道这个可以被我无限期使用的办公楼的价值如何体现。

"我活在一种大家非常羡慕但自己脑中一片空白的日子里。我的同学从事音乐，不懂旅行。我的朋友中经商的与旅行大部分没有交集，更何况我要做新的模式，该怎么办？无数个问号在自己心里。

"老师说，要给我资源让我学习独立运营，让我学会独立。独立，这两个字，我认为当初我真的没有办法处理，我心里曾经埋怨过无数次：老师怎么可以这样对我？

"如果是内功深厚的创业者，会非常感激他们的资源，一跃入龙门；而我，只是个大学毕业生，一个美容院靠和妈妈共同经营，建筑行业靠认识的人走路，内功实力并不扎实的女孩。我非常感谢在培训界的体验，它硬生生地让我在折腾中提升了自身实力，都说'不作不会死'，可我就是在折腾中，活了下来。"

（四）我是如何"成功"开垮一家公司的

江佩娟在云南花了两个月的时间，做了大量主营产品的设计、推广方的设计、合作方的设计，组织架构看上去堪称完美。运营的时候，江佩娟心里非常清楚，她的主营业务有 6 大项，但当被问到她打入市场的第一个主营业务是什么的时候，江佩娟懵了。她请教了很多人，他们告诉江佩娟应该做"单品"，可江佩娟不知道突破口是什么。后来，她阅读了大量书籍，去反省，终于知道突破口是什么了。

江佩娟回忆道：

"其实设计的 6 大项主营，都是我的核心竞争力衍生的，不是没有基础的时候就拓展到 6 大项；而这个基础就是自己的核心竞争力，就是打入市场的突破口，而当时的我，完全不知道这一点。6 大主营，没有轻重缓急，全部推出市场，别人只知道我做的业务涉及很多，却不知道我主营哪个。

"失败总有理由，总结起来，就是如下三点：第一，不明白自己的核心竞争力，不清楚打入市场的主营产品；缺少合伙人，决策靠自己经验。第二，作为一个老板，我所有的技术靠外界，我不会操作旅游的系统，不会写线路，完全靠员工，这根本不行。他们的不稳定性给我的影响之大不言而喻，或者他们做错了，我也不知道，甚至，就算他们做错了，人是我选的，承担责任的也是我。第三，销售靠外界团队，虽然有很多企业家捧我，但我面对一个陌生的项目，连怎么谈合作都不清楚，谈一个输一个，谈一个灭一个，哪里有不失败的道理，肯定100%会失败，因为基础不牢固。这些看上去非常简单的总结，我却用了半年的时间，一点儿一点儿在痛苦中反思才明白。

"那时，我不了解传统的旅行，就花了一个月的时间去了解传统的旅游行业是什么样儿的。当我了解了以后，发现云南这边旅行市场的产品大部分含有购物点，娱乐的体验感并不强。我想，旅行产品应该和美容院以及以前的建筑工程产品一样，好的产品，只有被人们认可才能销售好。

"我的产品要给别人解决问题，超越一般的旅行，体验感一定要强；旅行就是一个'玩儿'，顾客应该重视玩儿。其次，我在思考如何让已有的顾客成为自己永远的消费者，我想到了套卡的方式以及导游销售的方式，让顾客愿意成交。

"通过大量的数据分析，我认为主题旅行，即具有主题深化意义的旅行，对顾客更有吸引力。比如说，花这个主题，如果说早上赏花、采花、学习花艺，中午可以吃鲜花餐，做鲜花香包、鲜花精油，晚上可以体验鲜花精油SPA，就用自己白天做的鲜花精油，晚上睡在鲜花主题酒店，这应该是非常美妙的一天吧？那么导游、车辆，这些怎么安排呢？专业的事情有专业的人做。我找了很多业内人士沟通，确定了定价和价格。然后我们和推广方谈合作，顺利地把一款产品卖了出去。但是，我并不懂核心定制该如何做，不懂如何写好定制方案，那怎么办？按照规划，我应该是卖各种各样的主题旅行产品，主题旅行的线路全部是由专业的人来写，而我负责的是再找专业的人定价，然后找专业的人去推广。那请问我的作用是什么呢？一开始我就觉得，应该找专业的人做专业的事情。然后我就开始找专业的写手，可是，并不是每个写手都了解旅行的线路，知道富有体验感的线路怎么写。至于我，我对旅行本来就不熟悉，我更不敢写。就这样，我找了无数写手，不断地面试，不断地让他们尝试写方案给我看。可以说，我花了大约一个月的时间在找这个合适的写手。最后，我招聘到一个中国科技大学毕业的女研究生，她非常喜欢旅行，对云南又非常熟悉。我们一拍即合，就这样合作了。她写方案，我来卖她写的线路，由旅行的计调来定价。

"那一个月，我非常地依赖她，我自己并不知道如何写一款好的线路，有时候她写的线路我明明觉得似乎哪里出了问题，但是我也没有办法提出确切的意见。我还真的非常大胆，找了销售人员卖她写的线路。虽然卖出去了，但是写作的速度跟不上。她说她喜欢旅行，但并不是说针对顾客的每一次调整，都能够非常清晰地改变思路，顺应客户的心意。

"写手终究是写手，并不是每个写手都擅长销售，擅长沟通。结果就是这样，客户要求调整的时候，与我先沟通，我再和她沟通，然后她修改，我拿给顾客，再反复沟通；如果我表达得不够清晰，那么她的速度就跟不上来。那时我的心情，简直急得想撞墙。当时公司业务刚刚开始一个月，订单很多，但公司连对公账户都没有办好，设备也没有办齐，我感到应接不暇。更何况，我的线上端口刚开通，线上的图片、美工和文案类的工作都要做，我感觉脑袋都要爆炸了。

"我天天忙得团团转，都不知道找谁帮我。都说忙中易出错，后来，我在工作中果然出现了重大失误。一次，我接了一个上市公司董事长的旅行订单，开始没有在意，等我发现自己竟然把对方行程中的住宿安排整整延迟了一天时，再怎么补救都晚了。对方在机场等了我好几个小时，我才派车去接；对方在旅行过程中因为我的失误，折腾了好几个来回。这件事情，给我的打击非常大，更何况那是个大客户。

"我觉得公司的业务做不下去了，内心十分挣扎，承受不住。再这样下去，我的头要炸了。深夜，我问上天：你可不可以告诉我，这样的生活什么时候是个尽头？我没有一点儿空闲时间，我完全被这样的生活'套'住了，我开始活得不像我自己了。我觉得，再这样下去我要疯了。我请了无数个职业经理人，有的不靠谱，有的不踏实，有的让我提前给他半年薪资，还有各种各样需要磨合的事情。

"算了，我自己解决。那段时间，我熬得黑眼圈都出来了，心情也十分低落。吃了无数甜品缓解心情，整个人胖了 20 斤。除此之外，笑容少了，不那么天真浪漫了，整个人如果用一个字形容，那就是'囧'。

"我和爸爸妈妈诉苦，希望他们支持我。我每天早上 8 点给员工开会，凌晨 4 点睡觉。大家都说我变了，变得非常果断，甚至严肃，过着除了工作完全没有其他时间可以支配的日子。

"我当时的心情是，如果再给我一个机会，我真的不创业了。后来，那个写手女孩因为要回家结婚，离开了公司。此后，我也停止了创业的脚步。

"当我做出放弃创业的决定后，很多人觉得可惜：公司所有的设备都买了，房租也已经付了，你真的要放弃吗？是的，因为我内心有个声音告诉自己，我现在需要大量地学习，我没有能力在没有合伙人的情况下运营一家公司。公司亏损不多，也就是一些办公桌椅、设备。

"创业的人大部分一开始都是为没有订单而着急，最终关掉了公司，而我是一开始就有许多订单，却因为自己根本应接不暇而关掉了公司。我发现，一个人的心理素质很重要，因为创业风波多得让人感觉可怕。一个一个问题接踵而来，无人解忧。

"在我最困难的时候，爸爸妈妈和我的同事劝我要坚持做下去。他们说：'不看浮华看本质，简化事件，实实在在地做事。'

"2015 年，开始我只需定制方案去销售，可我却到网络平台招聘了美工人员、网络人员、文案、财务人员、计调人员。我当时想：自己招聘的人可以更好地在一起工作，但是'盘子大了，就没有办法精准到位了'。

"我还犯了一个致命的错误。我认为所有工作都重要，分不清主次，使一个本来运营完美的方案，一个非常有特色的公司，因此而变得毫无重心可言。

"我用了大半年的时间，才明白这其中的奥秘。一个公司首先要知道它的中心是什么，把这个'点'做好；要有核心技术，使自己的公司有优势。其他门类可以全部外包出去，不要想着自己一个人把所有事情都做好。找到自己认为可以直击市场的那个与众不同的'点'，那个可以发挥你自己能量的'点'作为突破口。

"做事情，分清轻重缓急和主次非常重要。"

（五）人生中一切都要向内求

江佩娟回忆说：

"你能想象吗，半年多以前，当一个白痴，不知道为什么公司失败的时候，还在苦恼自己付出了那么多？我总是想，我每天起早贪黑，睡不到四个小时的觉，这么辛苦，这么努力，为什么公司还开不下去呢？那种自我抱怨的状态，可怜吗？可怜之人必有可恨之处。一个企业的领导者，责任就是赚钱，带领你的团队走向美好的明天；公司一切都是以结果为中心的，而不是以你做了多少、付出了多少为中心。

"2015年6月，我来到云南，用了两个月时间研究商业模式。8月，我租了办公室。此后，我接到许多订单，但因公司没有能力做业务，我决定关掉公司。

"2015年11月，我关掉公司以后，第一个想法是找老师求助。我找了韩博老师，找了吸引力文化传播有限公司的董事长杨涛鸣老师，找了富源集团的董事廖城兴老师，希望他们能帮助我。他们都欣然答应让我回去跟着学习。

"2015年圣诞节前夕，我接到了一个来自湖南的电话，这个电话彻底改变了我的命运。如果不是这个电话，我根本不会思考自身犯的错误。

"电话是桃子打给我的。桃子全名陶丽秀，是我以前做建筑工程时的助理，也是我的闺蜜。我们的关系一直非常好，她是一个特别懂事的女孩。当我和以前的助理桃子大吐苦水，说我不想做旅游的时候，她对我说，小熊（我的外号），你知道为什么你一直这么优秀，但总是做一件事情不久就丢掉吗？我今天遇到一个1996年出生的女孩子，她没有你优秀，没有你漂亮，也没有你能干，但是她把工作做得特别好。

"桃子说，你知道为什么你毕业于名校，却没有从事和音乐相关的行业吗？你知道为什么你开办美容院，赚钱了又放在一边吗？你知道为什么我跟着你做减胶剂，那么好的事业，你又有关系，又有人支持，免费给了你全国的总代理，而且办公室等一切全是免费的，拥有这么好的资源，你却又不做了吗？你知道为什么张泰来老师、秦仁杰老师，全部向你抛出橄榄枝，可你就是不喜欢做金融讲师，甩甩手就不做了，然后别人还把你喜欢的事情介绍给你吗？你知道为什么别人给你介绍了你喜欢的又能赚钱的事情，公司手续都办好了，你现在又不做了吗？小熊，你不懂两个字——坚持。你拥有那么多别人都觉得是奢望的东西，你拥有那么多别人奋斗几十年才能拥有的东西，今天你却和我哭诉种种不开心。你知道你所受的苦，是我想吃都吃不到的吗？

"你知道你多幸运吗？我的能力也不差，却一直做你的助理。

"你可以觉得不开心，摇摇头就走了。是的，每次都有人帮你解决，你只管开始，从来不管结果，小熊，你到底什么时候才懂得对自己的生命负责？你到底什么时候，才可以真正做好一件事情？

"那天，听了桃子的话，我彻底醒悟了。她用微信和我分享了一篇文章，讲述一个很不起眼儿的女孩子，坚持做好自己的一款产品，取得了成功的故事，女孩子比我还小几岁。

"直到那天我才明白，原来一直都是我不满足。我总是觉得这里不对，那里不好。那一刻，我才明白，我真的只是一个孩子，一个泡在蜜罐里的孩子。

"我痛定思痛，告诉自己：坚持，反思，学习。我想自己一定要坚持做旅游，反思自己的问题所在，每天审视自己的过去，一遍又一遍，对公司的各种问题一遍一遍地检查。

"在很长一段时间里，我很痛苦，想放弃，不想承受痛苦。但最后我告诉自己，我想化茧成蝶，必须承受痛苦，只有如此，才能得到这辈子想要的幸福。我断绝了本来为自己找好的后路,婉言谢绝了各位老师让我回到他们身边历练的安排。

"我打算对自己负责。那种感觉就像一把尖刀卡在喉咙里,你明明知道不容易,还要挺着,不为其他,只为磨炼自己的习性。

"改变习惯太可怕了,太难了。不积跬步,无以至千里,我知道这需要一直的积累,我打算坚持下去。"

(六)那一次,我重新起步

江佩娟给自己做了个规划。第一步,演讲做到"极致";第二步,产品设计到"极致";第三步,推广做到"极致"。

江佩娟回忆说:

"我很早就知道,如果一个企业所有者会演讲,就能让企业产生质变,现在我想把简单的事情做到'极致'。因为一个偶然的机会,我关注到《我是演说家》这个节目,看了100多人的演讲。我从看几个人演讲,到几十个人演讲,再到100多人演讲时,奇迹发生了:我从他们身上看到了自己的影子。

"通过总结100多人的演讲,我发现了一个规律:一个人如果真的要终身幸福、快乐并且成功,就要具备三个特质。

"第一,要有好的人生态度。无论遇到什么事情,无论生活幸福还是不幸福,都要用最正确的方式去解决问题,去追求幸福,好好活着。生活内容丰富并且精彩,只要你按照正确的方式处理问题,就没有不幸福可言。当然,我懂得,自己在创业过程中多次把问题抛给别人,自己不负责任,这些全都是错误的。

"第二，要有爱的能力。爱别人的前提是先学会爱自己，爱自己就是能够做自己喜欢的事情，能够照顾好自己，能够对自己的一辈子负责，能够独立地活着，能够对自己遇到的任何问题负责：对自己的快乐负责，对自己的心情负责。

"以前，我不仅没有做到对自己负责，甚至太着急了，完全把时间放在事业上。其实我的生活应该是丰富多彩的，应该在事业、爱情、家庭、自己的兴趣和爱好之间做好平衡，而不是把事业当成生活的全部。

"第三，要有专注的精神。要专注地去做一件事情，做公司、做产品也是一样，贪多必失。要像一个匠人一样，精心打磨自己的产品，慢慢来，不能着急。做好自己该做的事情，好的结果自然会来的。

"就这样，我改变了自己的态度，我改变了自己的生活。我开始把时间分拨给父母一部分，我陪爸爸妈妈看电视，他们很开心。我利用空闲时间散步、逛公园，开始给自己的兴趣爱好一部分时间。我一直很喜欢旅行，喜欢写游记，喜欢把美好的事物分享给大家，喜欢把一件小事做到'极致'然后自己美好几天，喜欢潜水，喜欢滑雪。就这样，我把自己原本的爱好全部都拾起来了。

"我去了最喜欢的泸沽湖旅行，去了梅里雪山看雪，去了楚雄跳伞，去了抚仙湖潜水。我开始摄影，我开始重拾自己唱歌的能力，英文、韩文、日文，都来练练，生活变得越来越丰富、精彩。

"就这样，我的性格慢慢地恢复了往日的开朗，开始了自己的慢生活。我想，人不是赢在起点，而是赢在终点。

"我不断地调整自己的运营计划，准备等自己的运营计划调整到平衡状态，再做公司的业务。

"在一个游泳池不会游泳，换个游泳池，我还是不会游泳。我非常感谢我的闺蜜桃子给我打的那个电话，不然我也许永远都不知道，这是我致命的缺陷。

"我的心理发生了变化，觉得半年来发生的事情是上天最好的安排。那些经历让我明白了自己个性的缺陷。一个不够了解自己的人，生活总会用一些方式刺痛他，直到他明白。

"我明白，一个人要对自己的人生负责；我明白，有些事情，家人是不能包办的；我明白，就算走了一段痛苦的路，这段路也一定会给你很大的启示，而这种启示会成为你人生巨大的财富。"

（七）永远崇尚工匠精神

江佩娟回忆说：

"我一开始并不懂得什么是工匠精神，也不知道这种精神对人的影响竟然那么大。我曾经去推广粗制滥造的设计产品，收获的就是失败。

"提到工匠精神，我不得不讲一个故事，牛爸爸的故事。他用'26年的时间把牛肉面卖到1万元台币一碗'。

"任何一款产品做到'极致'，它都会成为艺术品。牛爸爸用26年时间，不断精研牛肉面。牛爸爸的牛肉面，汤汁分为6种，汤汁均用牛身上不同部位的肉熬制而成，用的都是顶级牛肉，来源地为日本、巴西、美国、澳大利亚；面条的制作工艺则有20多道程序。

"根据顾客对面条筋道程度的要求进行烹制，餐具是精美的青花瓷，餐厅的环境非常清雅，甚至牛肉面上肉块摆放的精美度也都有严格要求。牛爸爸和大厨们一点儿一点儿地完善每一个细节。就连就餐的人流会影响品味美食的喜悦度，也被他们所考虑，所以，他的餐厅只有4张桌子，每天只接待20位客人，1万元台币的牛肉面每天只卖10碗。

"举两个例子就能说明他的面条有多好吃。第一个例子是，有人特地包机飞到台湾省吃一碗牛肉面。第二个例子是，周边有27家店'山寨'牛爸爸，那么多'山寨'牛爸爸，却并没有影响牛爸爸的营业额。牛爸爸的核心竞争力就是把一碗面做得好吃到'极致'，并且坚持不开分店。牛肉面，就是这样被做到'极致'的。

"专注地做自己喜欢的事情，你在某件事上付出的越多，你就会越珍惜它。2015年，公司开展了很多主题旅行推广，全部由我亲手写线路，由技术人员核定、定价、报价。但这个流程还不够精致，少了一种味道，这种味道叫'元素'。我们走在探索元素的路上。

"元素是什么？简单地说，每款主题旅行都有某种特征可以体现它的不同。'夕阳红'的元素要以养生和温暖的爱为主。'饥饿游戏'要以极限的挑战为特点，在整个过程中要有挑战的气息。和户外相关的产品我们做得比较多，大部分户外产品是针对企业或者学校的，这款产品设计得却很不同。我做的时候，最重视的一个元素是刺激，兼顾安全和品牌。我做了大量的铺垫，加入了一些搞笑元素。很多高校学生都是因为前期先体验了我的毕业季或者青少年的产品，觉得非常好玩儿，才体验了'饥饿游戏'这款产品。

"禅修游的定向客户是企业高管。设计的理念是，高压力工作让商业人士感到疲惫，他们希望通过旅行的方式使心灵有所安放。禅修游，就是以此为目标的功能性产品。尼泊尔游玩和普陀山的禅学都是这类产品，邀请过星云大师等人。"

（八）妈妈是我的老师

江佩娟回忆说：

"俗话说：娶错一房妻，影响三代人。洪应明在《菜根谭》一书中也说过'悍妻诟谇，真不若耳聋也'。

"任何创业男性均会有妻，任何创业女性均会为人母。我和大家讲讲妈妈对我的教育，因为很多人问过我，妈妈的教育如何成就了今天的我。

"比尔·盖茨曾经说，他这一生中最聪明的决定不是创建了微软公司，也不是他近些年一直大力推崇的慈善事业，而是他找到了最合适的女人并且与她结婚。

"金融大亨巴菲特也曾说过，人生中最重要的决定不是任何投资，而是跟什么人结婚。他认为男人选择伴侣不仅是选择一个女人，更是选择一种生活方式。

"一个女人可以影响三代人，确切地讲应该是一个'母亲'。作为女人，终有一天要为人妻、为人母，那么，拥有哪些优秀特质的女人才能给家庭带来三代的幸福呢？在这里，我一定要详细说说我妈妈的故事。

"小时候的我性格非常内向，不和人说话，好像一生下来，骨子里浸泡的全部是非常安静的个性特征，甚至有轻度的自闭症。

"在我7岁那年，为了帮我克服自闭的交流障碍，妈妈准备了一本小红书学习讲故事，书里写的是一些做人做事的好观念。妈妈书不离身，平时只要有空闲时间，她就会从口袋里拿出小红书练习讲故事。每天晚上，她会将精心准备的故事和我分享，再让我读一个小时小红书，然后让我也和她分享。为了让我乐于分享，妈妈经常引导我与她分享学校里发生的趣事。哪怕我说的都是自己同桌有怎样一块漂亮橡皮、今天上课的时候老师说了一段多么搞笑的话等，她都愿意陪我哈哈大笑。妈妈这样做，都是为了让我愿意与她交流。

"那年家里炒股票亏了钱，妈妈更加辛苦地工作。她每天三班倒，早上去售楼部门卖房子，下午还要上班，不过每天再忙，她晚上也要在规定时间和我分享一个故事。

"回想起来，当我用肉嘟嘟的小手给她捶背按摩，说一句'妈妈，我爱你，我帮你按摩'，一个简单的爱意表现，都能让她幸福得流泪。

"为了让我提高写作的能力，妈妈每天都会让我写日记，记录每天发生的故事。有时候，她回来很晚了，也会蹑手蹑脚地走进我的房间，看看我的日记。妈妈对我说，这样可以更了解我的心理变化，拉近我们的距离，让我更好、更快乐地成长。

"为了锻炼我的语言能力，妈妈让我捧着一本《中华成语字典》仔细地研读，让我一个个地说成语的意义和里面故事的出处和解释，和我一起分析故事的寓意。这是我大学时候能够在阅读方面有超越常人的分析能力、在口语表达和逻辑方面非常优秀的一个原因。

"为了丰富我的兴趣爱好，妈妈从小让我学习音乐，并在'玩'的过程中让我喜欢上了旅游。

"为了让我拥有更多优秀的朋友，从我 16 岁时起，妈妈让我学习播音主持，让我发现这个世界上还有这么多我不知道的领域，培养我在主持、编导、表演等方面的能力。

"为了培养我的'贵族'气质，在我 17 岁的时候，妈妈不惜动用家里的储备资金，甚至卖了一套房子，送我去中央音乐学院求学，使我有了后来师从知名教授和院长的经历，让我和名人有了更多的接触。正是这样的一条路，让我拥有了自己的内涵和修养。

"在我的成长道路上，妈妈对我的教育培养包括兴趣爱好、人生观念等，使我明确树立了志向。她想得很多，学得很多，做了很多，唯独要得很少。这就是我的妈妈，一个平凡而又伟大的母亲，一位善于思考，细心、坚持、舍得，注重下一代素质教育，自己的需求却很少的人。

"我的妈妈是一个优秀的女人。家族兴旺的首要条件是什么？是家庭和睦，而一个懂事理、孝敬父母、教子有方的女人是家庭和睦的关键。所以，男人选择女人，要有一个标准。女人更应该修炼自身，强化自身软实力，早日拥有这般美德和特质。

"善于教育孩子，发现孩子的天赋，引导孩子向未知领域发起挑战，向着自己的目标去努力发展，是作为母亲应有的一份责任。母亲的细心和明智，令她们能够从孩子童年时代起，就发现他们的才能、性格和志向，而这一点是别人难以做到的。

"母亲能以女性特有的细心和耐心，利用各种机会培养孩子的道德品格。除了自发的爱外，母亲必须学习教育的艺术，以自己的实际行动感染和影响孩子。人的智力上的成就，在很大程度上依赖于品格之高尚。

"母亲的形象自始至终会影响每个人的人生，也许很多人不会认真地思考和承认这个问题，但是这确实是一个不能否认的真理。

"一个人从小到大，母亲始终会伴随着他的成长。母亲所具有的一切，包括母亲的形象、母亲做人的原则、母亲的思想……都在不知不觉中影响她们的孩子，那些孩子就是生活中的你我他。一个优秀的女人，必定能成为一位伟大的母亲。"

罗万邦

山东睿恩文化传播有限公司创始人、总裁

青年励志感恩演说家

青少年《童彩飞扬》电视栏目成长导师

第二章　宁可头破血流，也不安于现状

一、跳跃于两个极端，我进入了青春期

他叫罗万邦，1990年农历四月二十八日的清晨6时30分左右，伴随着"第一缕阳光"，他降生在大西北一个神秘而美丽的地方——青海省湟中县一个传统的农村家庭。

罗万邦的父母都非常善良，虽然没有文化，但一直用行动影响着罗万邦和姐姐的人生。一个孩子的性格在2岁到7岁时基本形成，在这个过程中，罗万邦见证了父母为家庭付出的努力，也见证了父母所受的委屈，更铭记着父母想让他和姐姐走出大山的心愿。父母是原件，家庭是复印机，孩子就是复印件。在这样的环境里，罗万邦有了凡事不甘于人后、追求完美的性格。

　　罗万邦记事比较早，他三四岁时的事情，至今还会依稀重现在眼前。那时候他很调皮，总和邻居家的小伙伴打架。奇怪的是，那时候无论是罗万邦被别人家孩子打哭，还是罗万邦打哭别人家的孩子，回家他都会被妈妈狠狠揍一顿。罗万邦有很长一段时间都不明白，甚至怀疑自己到底是不是妈妈亲生的，"为什么我的妈妈和别人家的妈妈不一样，她从来不去找人为我辩解，也不听我辩解。"后来罗万邦渐渐长大，慢慢理解了妈妈的做法，知道她是在用行动教育自己：吃亏是福。

　　罗万邦说：

　　"其实那段时光里让我记忆最深的是'偷钱'那件事。一天，妈妈不在家，我从床底下翻出 10 元钱，跟姐姐说是我捡的，然后去小卖店，买了 100 块泡泡糖，当时吃泡泡糖是一种奢侈。妈妈回来后看到满地丢弃着吃过的泡泡糖，知道是我偷钱买的之后，狠狠地打了我。我从没见过她那么生气，她拿出一根小细铁丝，勒我偷钱那根手指，我清晰地记得自己右手中指被勒出了血印。我还记得姐姐跪在地上为我求情。不知打了多久，妈妈终于停下了，她让我用没吃完的泡泡糖去换做鞋垫用的线团，那一刻，四五岁的我明白了，不管发生什么，绝不能干偷盗的事。

　　"7 岁那年，有一天，我早晨起来去放羊，因为还要上学，时间紧，为了让小羊吃得更饱，我把它拴在一块草非常茂盛的地方，然后高高兴兴地上学去了。但是一整天我都很焦躁，有一种莫名的无法用言语表达的感觉。放学后我去拉小羊回家，发现它被吊在土坎下。我非常紧张，赶紧跑下山。

　　"走到跟前，我发现小羊肚子鼓鼓的，没有了呼吸。我大脑一片空白，人生中第一次感觉到了无助，眼泪哗哗地流下来，那是我童年里从未有过的伤心。我一直抱着小羊哭，希望能感动上天，让它活过来。

"我把绳子解开，小羊鼓胀在肚子里面的气体放出来了，我惊喜，以为我的真诚感动了上天，小羊复活了，可当它肚子扁下去的时候，依然一点儿声音也没有。我的眼泪再一次流下来，哭了很久很久。渐渐地，我从悲伤中走出来。天已经很黑了，我看到爸爸的身影出现在面前。我非常害怕，不知怎么办好，可爸爸只跟我说，这么晚了还不回家，然后背起羊就往回走。我呆呆地跟在后面，那一刻觉得自己长大了，做事情知道站在对方的角度去思考了。

"很快，我上三年级了，家庭条件不太好，妈妈又好强，所以妈妈也跟着爸爸去挣钱了。妈妈走的时候说，一周回家看我和姐姐一次，如果我们听话，就给我们带好吃的。家里只剩我和姐姐了，姐姐放学晚，做饭成了我每天的必修课。

"我放学回家后的第一件事是和面，那时候力气小，能做到的只是把面和水按比例和在一起，根本揉不光滑。厨房的灶台很高，我炒菜的时候下面要踩个小凳子，这是最具挑战性的。因为面粉和水的比例以及揉面的力度决定了面的质量，所以很多次，我擀的面条都很粗，需要煮很久才能吃；也有很多次因为没煮熟，吃了好几天肚子都不舒服。

"我和姐姐每天晚上不敢早睡，怕小偷来偷东西。我们把家照顾得还可以，妈妈每次回家都会给我们一个大大的拥抱。可是慢慢地，爸爸妈妈回家的时间间隔越来越长，那时候没有电话，我和姐姐只能翻着日历期盼爸妈回家，不仅因为他们会给我们带好吃的，还因为我们真的很想念他们。

"或许在父母眼里孩子永远是孩子，但其实只要给他们足够的空间，就会有意想不到的收获。父母为了给家里多赚点儿钱而出去工作，留守的我们就能够照顾自己。虽然吃得半生不熟，还带着草木灰，我和姐姐却学会了独立去面对生活。

"我慢慢长大，似乎在经历两种不同的人生。看着父母为了家庭，为了我和姐姐拼命打工，无论怎样都要教育好我们，但还是会被轻视和嘲笑，我感到越来越迷茫，也在迷茫中步入了青春期。"

二、我好像长大了，与父亲强硬对抗

可能是荷尔蒙增加的缘故，步入了青春期，罗万邦明显感觉自己越来越强大，甚至有时觉得天地之间唯我最大。在自己的轻狂和环境的影响下，罗万邦变得叛逆了。他开始不愿意对父母百依百顺，犯了错误以后，他从小时候的求饶变为逃跑、对视，直至对抗，到最后的冷漠。

初中时因为爱玩儿，罗万邦有了一群社会上的朋友，他慢慢开始学会抽烟、喝酒、打架，简直成了坏孩子的典型，虽然每天遭受着左邻右舍的流言蜚语，他还是很享受那"奇妙"的感觉。罗万邦越来越叛逆，我行我素，凡是自己做的决定，谁也不能改变。

有一次，罗万邦喝了酒回家，被妈妈发现了，要打他，罗万邦不知哪里来的勇气，一把抓住妈妈的手，不让她打自己。"那一刻，妈妈和我谁也不愿意退步，她突然流泪了。"他第一次看到绝对强势的老妈，在那种情况下流下了眼泪。

罗万邦说：

"看着妈妈流泪，我心里很不是滋味儿，很想跪在她面前求她原谅，可是这几年父母不在身边，善良的我似乎变得有些'冷血'了，我默默地看着她，然后选择了离开。那一次之后，我和妈妈的关系逐渐疏远，再也没有小时候在妈妈被窝里给她当'小火炉'的感觉了，也不像以前那样无话不谈了。

"虽然那种陌生感让我有些难过，但那次经历也让我确定，在这个家里，除了爸爸，没有一个人能管得了我了，我的嚣张气焰越发强盛。通过那场叛逆的'战役'，一个没有任何文化的农村妇女，突然发现暴力根本压制不了她那叛逆的儿子了。从那以后，我很长一段时间都没有挨打。

"在'征服'了妈妈之后，还有一个人一直压制我，那就是我爸爸。慢慢地，我开始挑战爸爸的权威。如果爸爸骂我，我就拿家里的物品发泄，比如用拳打柱子、打蔬菜，或者用脚踢盆、门之类的东西。我惊奇地发现，当我做出这些举动的时候，爸爸竟然无可奈何，并没有任何制止我的行动。从那时开始我更加狂妄了，开始和爸爸也对着干了。

"一次事先毫无征兆的事情，彻底让一对本来就话少的父子关系冷却了7年。永远忘不了那天，爸爸的朋友也在我家，我和爸爸不知为什么事情吵了起来。爸爸问我'你想怎么样'，我当着他好几个朋友的面狠狠地说：'你要怎么样？'话音未落，伴随着爸爸的说话声，他一巴掌打过来，硬生生地打在我脸上，我直接被打倒在3米之外的墙角，嘴角都出血了。

"我用仇恨的目光看着爸爸，在心里暗暗发誓，一定要报复这个男人。我们恶狠狠地对视了几分钟后，爸爸对我说：'把你今天的所作所为写下来。'我依然用仇恨的眼光看着爸爸：'没有笔，要不要用血写？'爸爸说：'有本事你去。'我走进厨房，拿起刀，向左手示指砍了下去。'啊！'我叫了一声，示指流了许多血。如果没有指甲，示指就被砍掉了。

"那次虽有幸保住了示指，但它自此失去了知觉。十几年过去了，每次看到自己失去知觉的左手示指，我内心都有无限的愧疚：因为当年的无知和冲动，伤害了自己的身体和父母的心。所幸的是，现在它变成了让自己未来变得更好的动力。

"砍手事件不是我叛逆的结束，仅仅是个开始。那时我上了高中，一下子从村里那个小地方来到镇上，很快凭借自己的交际能力和'影响力'，和'校霸'走到了一起，还和镇上的小混混玩得很好，开始了'难忘'的高中生活。

"现在，我回想三年的高中生活，十分悔恨。佛家讲大彻方可大悟，高中三年做的很多事情都以报复父亲为目的，打架更是家常便饭。

"2007 年夏天，一个周六的下午，我和学校一群哥们，在学校旁边的林子里喝酒，大家基本都醉了。我的一个初中同学也和一群人在林子的另一边喝酒，当时我们并不知道发生了什么，回家后才知道他把守林子的大爷打得住进了医院。周一一到学校我就被叫到教务处，说是我把人打了，学校要处理我。因为我和那个初中同学关系非常好，当时为了讲兄弟情义，我没有把他供出来。

"此后，我爸爸被叫到学校，被老师狠狠地批评了。我悔恨不已，不是自己犯的错却为别人承担，害得爸爸在人前抬不起头，一整天都待在教务处。

"晚上放学，我走出教室门，被跑过来的一个同学撞到墙上，把牙齿磕掉了。我发怒了，几拳就把他打倒了。回家写作业时，班主任又一次打电话来，说我把人打伤了，让我爸爸到医院去处理。当时家里连个摩托车都没有，那天还下着雨，爸爸披了一块塑料布就走了。

"妈妈看着爸爸离开的身影，流着眼泪让我跪在地上，拿起一条皮带，狠狠地打在我身上。当时我一声不吭地承受着雨点般的皮带抽打。足足一个多小时，爸爸还没回来，妈妈让我去看看到底发生了什么事情。我冒雨走到离家3公里的医院，在门口看到那个同学的家人对爸爸指手画脚，我再也受不了爸爸被人指责的屈辱，冲了过去，可是被爸爸拉住了。

"班主任老师当时说要开除我，认为我不可救药。一连几天我都在家待着，爸爸每天找关系。那段时间我感觉自己跟死了一样，没有任何生命的气息。

"一周后，爸爸妈妈表情严肃地问我，还想上学吗？我说我还想上学。周一回到学校，爸爸把我带到班主任面前，她依旧不让我上学。后来我发誓，在学校，就算别人打死我也不还手，我若还手，就自动退学，不需要开除。此后，因为对爸爸的愧疚，我再也没有打过架，有一次被人群殴，鼻梁软骨组织被打折，我依旧没有还手。

"我很安全地进入了高三最后一学期，还有10天就要考试的时候，发生了一件令人十分遗憾的事情。那天是我的生日，因为快考试了，不准备和太多人一起庆祝，我只和一个最好的朋友，买了几瓶啤酒、一个小蛋糕在林子里用餐。在林子里，我们遇到了和朋友有矛盾的几个人，双方发生了争执，我俩被打伤，住进了医院。

"高中三年这样奇葩地结束了，原本学习很好、很聪明的我，勉强考上了一所很普通的学校。

"人生就是经历的总和，人的成熟和年龄没有太大的关系，而和经历有关。回想过去上学那十几年的时光，我没有像别人那样努力地学习，却经历了很多别人不曾经历的事情。别人的青春期，只是有一点儿逆反心理，而我却真的在叛逆中度过。"

三、走出大学校门，我还没找到方向

上中学的时候，老师们都说大学是天堂，到了大学却发现并不是想象中的那样。罗万邦一走进大学校园就有失落感。他走进教室的时候，不敢面对来自全国各地的同学。他默默地坐在教室最后一排的椅子上，紧张地看着同学们在讲台上做自我介绍，竞聘竞岗。看到一个个同学在舞台上大方激情的状态，他更加紧张了。

轮到罗万邦做自我介绍时，他不知道自己是怎么走上舞台的，只记得磕磕巴巴地说："大家好，我叫罗万邦，来自青海。很高兴认识大家，欢迎大家有时间去青海做客。"就这么简单的几句话，让本来就有点儿"高原红"的他把脸憋成了紫红色，他走下台时班里好多同学都在笑，或许对他们来说，他表现得太紧张了。而正是那些无意的笑，彻底改变了罗万邦的人生，那一刻，从未有过的屈辱感涌上心头，从小到大，他还没有这种感觉。

罗万邦第一次在给妈妈打电话时哭了，他对妈妈说："妈，我不想上大学了，就算一辈子面朝黄土背朝天我也愿意。我只想回家。"

罗万邦说：

"我姐姐也在重庆读大学，她带着一个老乡到学校找我，但是她说什么我都不想听。经过很长时间的沟通，我才知道那个老乡还没毕业，但已经在创业，是一位有志青年。在大学期间，他依靠自己的智慧和勤奋，成功地经营着一家公司。他的经历，第一次点燃了我对梦想的渴望，我渴望成功，渴望成为家族的骄傲。我想，通过自己的努力，我也有可能赚更多的钱，带家人去很多我们想去的地方。同学们无意识的'笑'给了我巨大的动力。那一刻，我在心里暗暗发誓：我要改变！我要脱胎换骨！我要有与众不同的人生！

"我给自己做了计划，从做兼职开始。我做兼职的第一份儿工作不是去发单页，不是去做推销，更不是去做家教，而是做'模特'，去美术学院做人体雕像模特。

"学美术的人都知道，当模特就是在那儿坐四个小时，不能动，一群学生在下面画你。我生在大西北观念传统的农民家庭，受祖辈、父辈的影响，大男子主义在我心里根深蒂固。我坐在那里，不仅觉得丢脸、尴尬、害怕，更多的是觉得自己在出卖色相挣钱，尤其那些同学笑的时候，我真的很想立刻站起来离开，但我坚持住了。因为我想改变自己，我想找到一个全新的自我。

"我从要面子到适应，转眼间一个月过去了。有一天，美院老师通知我暂时不要来了，因为学生要找新素材。第一次兼职就这样结束了。我用挣来的钱买了早就看上的索爱手机。现在看来，这个经历让我买到了自己喜欢的手机，实现了一个小小的目标。

"我记得被中介骗过一次，大概每年大一新生入学的时候，也是中介生意最好的时候。但是我想，经历就是财富。我的出身、成长环境给了我粗犷、坚毅的性格，我想做的事情就一定会付诸行动，开始时不会去想太多成败的事。

"大一的时候，在平安夜的前几天，我突发奇想，要做平安果生意。做此决定后，我立刻在水果市场批发了100多个苹果，又去礼品店买了礼品袋；感觉单调，又买了一些挂坠，还买了一沓便笺纸。我回到宿舍找室友们帮忙，在便笺纸上写满祝福语装进礼品袋。12月24日中午，我带着这些平安果，充满信心地来到重庆最繁华的地方销售。

"我在地铁的站台上，发现一个严峻的问题：我拿别人的产品去卖的时候，非常自信、淡定，而卖自己东西的时候却有些胆怯。我在人群中徘徊了半个小时左右，回想当初的热情，想到卖不出去室友们的调侃，我战胜了恐惧。

"我勇敢地向穿着华丽的情侣生硬地推销：'平安夜，平安果；送平安，送祝福。帅哥，给美女买个平安果吧。'我永远记得他们看我的眼神儿，很怪异，很鄙视，然后无情地走开了。当时我就愣住了，好几分钟才缓过神儿来。那一刻，我心中只有一个念头，立刻、马上、迅速回寝室。我果然那样做了。我回到寝室躺在床上，室友以为我卖完了，开玩笑说：'走，邦哥请客。'班长感觉我的情绪有些低落，立刻鼓励我，还带我回到那个我觉得销售失败了、再也不想去的地方。班长在前面推销平安果，我跟在他后面协助销售。当我们多次被人拒绝时，班长还是在坚持。终于，我们卖出了一个平安果，两个、三个……越卖越多。有志者，事竟成。

"我好强的心态又渐渐恢复，班长能够做到，我也能做到，我建议分开卖。我刚独自卖时有点儿害怕，但是不服输的性格还是战胜了恐惧。此后，我的销售量在不断地增加。

"那次小创业真的对我帮助非常大。想创业或者已经在创业的伙伴们，我想对你们说，成功有两大关键：第一，成功会追着自信跑。第二，只有相信自己的产品和理念，成功才会随你而来。

"后来，我了解了互联网，做了一家淘宝店。当时没有任何生意，我就开始学习，每天按时在黄金段刷新宝贝上架时间，用营销团队进行一系列的推广等……虽然我做了一学期的努力，但收获不大。

"就在我的同学们每天奔波于各大招聘会场去面试的时候，我和室友在学校门口开了一家餐饮店。餐饮店在学校附近，装修也算比较时尚，再加上厨师手艺很高，经营模式非常新颖，所以前期生意特别好。

"可慢慢地问题就来了，因为我和合伙人都爱面子，未分清利益、责任、职权的归属，合伙人对我出现误解、猜疑，最后导致创业失败。

"那次创业在短短的四个月时间内失败，那一刻我进行了深刻反思。失败的根源就是爱面子，加之没有规范的财务制度，没有说明责权利，失败是必然的。那次创业，我不仅没赚到钱，还欠了一些债。

"回首大学的时光，我从决定改变那一刻起，一直走在改变自己的路上，努力做别人不愿意做、不敢做、做不到的事情。别人玩游戏的时候我在做兼职，别人睡觉的时候我在摆地摊，别人休息娱乐的时候我在思考。

"因此，我发现自己做事没有毅力，比如做兼职、做淘宝店、摆地摊、做电子商务、做餐饮，每次创业都只坚持了几个月，收获不大。带着迷茫和不甘心，我走出了校门。那时我还没有找到人生的方向，不知道自己应该做什么。"

四、既然选择了远方，便只顾风雨兼程

刚刚步入社会的罗万邦，有着强烈的不甘于平凡的欲望，可面对现

实的复杂，他不得不暂时妥协，同时不断寻求机遇。

　　毕业后，罗万邦去做建筑工程类的工作，虽然他学的是机械设计，但因为家里人都是做建筑的，所以比较熟悉这个行业。罗万邦选择了工程监理的工作，因为在建筑行业里，这项工作能直接、快速地接近老板，他想通过老板承包工程。那时候罗万邦想得很简单，希望拥有自己的事业，不给别人打工，按照自己喜欢的方式生活。在做工程监理三个月的时候，一个决定改变了他的一生。

　　罗万邦说：

　　"2013年7月，朋友告诉我，内蒙古青少年特训营需要大量的助教，当时我没有太大的兴趣，当他说食宿都在五星级酒店的时候，我决定和他一起去。从小到大，我从来没去过五星级酒店，怀着对奢华酒店的兴趣，我来到了内蒙古。经过3天的助教特训，我们迎来了来自全国各地的小朋友。看到那么多可爱、有趣的小朋友，我真的很激动，他们有的古灵精怪，有的自信大方，有的害羞腼腆，有的任性叛逆，我陶醉在第一次当老师的喜悦中，期待特训营的开始。

　　"主讲老师是中国十大演说家、总裁领导力课程的权威人士——张斌老师。老师演讲时，全场所有人都为之欢呼，所有人的热情都被张斌老师引爆。在张斌老师挥手示意的那一刻，所有人都以最快的速度坐好。在那一刹那，我被震撼了，心中突然出现这样的想法：'天哪，原来人还可以选择这样生活。'

　　"那一刹那的感觉，彻底引爆了我的内核，更因为张斌老师那句话：'人的一生没有取得成功并不可怕，可怕的是你连成功的道在哪里都没有找到。'那一刻，我的内心无限升华。我意识到自己为什么上大学会负债毕业，为什么过去这20多年，没有任何一件事想起来让自己很满意，都是因为我没有找到成功的道路。

"那一刻我也意识到，我今后要做的就是教育工作，为青少年塑造更好的性格。

"那次助教服务结束之后，我和朋友辞掉了工作，到建筑工地打工。我们做钢筋工的日子，每天都很辛苦，白天工作，晚上练习演讲。通过两个月的努力，我们赚到了人生第一桶金，开始筹备需要的设备，同时寻找合适的地方开设课程。我们遇到一个前所未有的问题，那就是没有人相信我们，没有人愿意把场地租给我们。

"虽然经过了半个月的努力，但我们仍然没有招到一个学员，连场地都没找到。城市不行，我们转战农村。回到家里，我们开始了招生，挨家挨户宣传，连续宣传了十天。

"开始做宣传时，我们不敢敲门，但通过十天的努力，我们招到了270多名学员。场地又一次成了我们的难题，我们后来选择了一个同学爸爸开的农家乐，但只能容纳100多人。没有暖气，也没有空调，更具挑战性的是，一场意外的大雪，让那个寒冬更冷了。

"当时，硬件、物质、时间等只容许我们开一期课程。经过七天的训练，孩子们收获很大，能够勇敢自信地表达自己的梦想，开始慢慢懂得感恩、孝道、礼仪。

"七天时间，孩子们一个个完成了蜕变。有一天，在亲子课程的现场，所有开始时怀疑我们、不理解我们的家长，都对我们说谢谢。那时我在心中暗暗发誓，无论未来前方的路有多艰难，我都一定要沿着这条路走下去，因为孩子们需要我。

"我们在讨论未来如何发展时出现了分歧，正好遇到马航失事事件，有一句话触动了我："人生不过短短三万余天，你永远无法预测意外事件和美好未来哪个先来到。"这句话让本来很矛盾的我做出了一个决定。在上大学的时候，我很喜欢旅行，喜欢行走在路上的感觉，在全国一些城市参加了一些活动。那时候没有钱，不能逛景点，但如今回忆起来仍没有一点儿遗憾，可惜的只是没有一个人徒步旅行过。那一刻，我觉得自己需要来一场说走就走的旅行。我从西宁出发，一边徒步一边搭顺风车，那也是我第一次一个人搭陌生人的车，当时那种恐惧和不自信让我纠结了很久，终于鼓起勇气搭第一辆车，可是被无视了。当汽车从我身边疾驶而过的那一刻，我的内心已翻江倒海，我很想放弃，但是为了那份执着，我告诉自己必须坚持。一次次地拦，一次次地被拒绝，慢慢地，被拒绝也成为一种习惯。终于，一辆车停了下来，我既激动又很紧张。路上聊天时，我知道司机的女儿和我同龄，我们也聊到了司机很多的人生经历。就这样，我喜欢上了这种感觉，一路南下西奔，我不知道明天在哪儿，但这种漫无目的的旅行让我很陶醉。

"我走着走着，竟然两个月过去了，最后到达了广东汕头。一路走来，搭了无数的顺风车：搭过警车，在高速公路上被警察叔叔教育过；搭过货车，与师傅分享了他的人生经历；搭过豪车；遇到过青海的老乡。时间过去两年了，我依旧清晰地记得，在从贵州至湖南的国道上，那天突然下起了瓢泼大雨，我站在路边看着过往车辆往我身上溅水，一个多小时后，才有一辆双排座的小货车停下来。随之而来的是一股刺激性的气味，原来他们刚送完出栏的肉鸡后返程。车里的三个人特别淳朴，把好吃的都给我吃，尤其一位年纪快60岁的伯伯，特别善良，一个劲儿地

149

让我吃他们家自己储存的蜜柚。本来不太喜欢吃酸的我那次足足吃了大半个柚子。晚上12点多，车突然抛锚了，我们在车上度过了难忘的一夜。第二天，我们四个人推着小汽车走了两公里，晚上，我们在沙发客网站认识的朋友家借宿，朋友的妈妈还帮我洗衣服，我非常感谢他们。

"这是一场无法用言语表达的旅行，旅行的意义就是在路上的那种感觉，感恩每一个帮助我的人。这是一场眼球的旅行，因为一路南下、西行东奔，不同地域带给人不同的感悟；这更是一场心灵之旅，让自己的身体完全融入大自然，用心去触碰世界的美好；这还是一场人性之旅，和每一个人的相遇都代表了一个故事，一个发自内心的真实故事：青春，就得有一场说走就走的旅行和一次奋不顾身的爱情，或许只有亲身经历了，才能明白这句话的真正含义。

"2014年5月，我在青海成立精才追梦文化传播有限公司，公司致力于为改变人而奋斗。100多年前梁启超先生曾说过：'今日之责任，不在他人，而全在我少年。少年智则国智，少年富则国富；少年强则国强，少年独立则国独立，少年自由则国自由；少年进步则国进步；少年胜于欧洲则国胜于欧洲，少年雄于地球则国雄于地球。'所以我们工作的聚焦点还是青少年，让更多的青少年接受未来的领袖教育，使他们更快、更好地成长成才；帮助需要帮助、改变愿意改变的大学生，让他们走出意识上的自卑、迷茫和见识上的孤陋寡闻。然而在社会环境等很多因素的制约之下，我只坚持了四个月，毕业一年多积攒的七万多元钱，很快就没有了，资金链出现了断裂，没有人相信我，甚至更多的人认为孩子就应该好好学习，这样才有机会上更好的大学。近半年的努力没有得到任何认可，唯一最大的'收获'就是别人的不理解、不支持、不认可，甚至家人都这样认为。城市久攻不下，我计划转战农村，从家里开始，至少那里有一大批认可我的人。在我最需要帮助、最困难、最落魄的时候，我生命中的'贵人'出现了，正是因为他的邀请，我才决定去山东临沂，从那里生根发芽。只有把自己逼到绝境，无路可退，才可绝处逢生，《狼皮卷》中说：'孤独是世界上最伟大的力量，无依无靠才是最大的依靠。'只有把所有的退路全部斩断，才能更好地激发潜能。

"经常有朋友说我是疯子，或许在别人眼里我是一个很疯狂的人，事实上我就是一个'疯狂'的人。我做事雷厉风行。一次，一个朋友要和我合作创办公司。我们在一周内就成立了山东睿恩文化传播有限公司。这是一个以专业服务于青少年自信心、演讲口才、感恩孝道、领导力为核心的教育公司，公司成立后，我们发布了招聘信息，经过几天的面试，只招到了一个人。面对重重压力，为了开拓市场，我连续三个月吃住都在公司。以前，我参加过一个培训班，主讲老师说为了举办培训班，他连续吃了半年的馒头。当时我还不相信，可是当自己真正经历的时候才体会到那份艰苦与坚持。

"创办公司后，我们每天都去开拓市场。刚做宣传活动时，为了节省资金，我们没有印刷彩色宣传单材料，只把自己的理念印在A4纸上，以口述宣传为主；每天晚上，我们都到学校门口去与家长沟通理念。此后，又通过打电话与四五百个家长做了沟通。每周日举办亲子分享活动，每次确定要来的都有二三十人，可是最后只来了三五个人，我们遭受了太大的打击，但每一次的打击都让我们内心变得无比强大。

"人生最有价值的是经验，经验来自于经历，人生就是经历的总和；一个人的成熟和他的年龄没有太大的关系，而是跟他的经历有关。

读万卷书不如行万里路，行万里路不如阅人无数，说的就是这个道理。三个月的沉淀，不仅仅让我有了强大的心智，更让我学会了如何在逆境中成长。三个月，我只招到了十个孩子参加我的俱乐部。每天辛辛苦苦地，有时候真的很累，晚上孤独地躺在地铺上，整夜难眠，那种内心强烈地想成就一番事业、浑身的力气却无处使带来的无奈和痛苦有时无法表达。

"在临沂，经过四个月的不懈努力，我成功地举办了第一期青少年领袖特训营，也是目前为止记忆犹新的一次。看着孩子们一天天在成长，看着督导老师全心全意地付出，我很高兴；在举办训练营的七天六夜，天气寒冷，但全营60多个孩子没有一个生病，并且得到家长们积极肯定的评价。

"挫折是上天赐予我们最大的财富，能够承受多大挫折，就能够承载多大成就。我，出生在20世纪的一个90后，在临沂没有任何影响力，但是60多位家长非常信任我，把孩子交给我。我认为，只要你想成功，任何力量都无法阻挡你。睿恩教育一路走来，每一天都迎接着全新的挑战，每一天都在向成功迈进。

"经过半年的努力，我开始带着睿恩教育公司的员工拓展大学生培训教育的市场。在一个学期里，我们招收的学员从一个增长到几十个，公司的事业有了发展。通过培训，大学生提高了自我突破、勇敢挑战自己、克服恐惧的能力。

"一步步走来，从面对几个人演讲，到在学校做千人的大型演讲，我带着不服输、不怕输、大不了从头再来的信念，走到今天，得到更多人的认可和接纳。这些经历也让我明白了成功不是来自于偶然，而是为了实现梦想全力以赴的必然。

"有人说：'只要方向对了，就不要在乎路途的遥远。'在自己长大成人的过程里，我走了很多弯路，经历了许多同龄人没有经历过的挫折，但这些都是我人生中最宝贵的财富。我的人生信念是：宁可撞得头破血流，也决不安于现状。我相信依靠自己的奋斗，未来会更加美好。

"我经常跟一些大学生聊天，谈起成功，大部分人都觉得赚钱就是成功。但我认为，其实成功不是赚多少钱，拥有多少财富，也不是有多大名利，而是在我们活着的时候能有多大的影响力，给社会带来多少财富。

"睿恩的路刚刚开始，我会带着这样一份责任和使命，继续前行。最后，我想送给大家一句话：'你今天的生活是你三年前的选择；同样，你三年后的生活也是今天的选择。'祝愿所有能够看到这本书的朋友们做好人生的选择，有一个成功的人生。写到这里，我想对还在迷茫中的朋友说：'不管你今天是否迷茫，未来的你一定会觉醒，但是你觉醒的时间决定你未来成就的高低。'这个世界上唯有两样东西不能等：你每一天度过的时间和对父母的孝顺。在创业的道路上，每个创业者都承载了很多，但既然选择了远方，便只顾风雨兼程。创业永远是在黑暗中摸索，只要你坚持到底，就一定能迎来清晨的第一缕阳光。加油！世界是我们的，未来更是我们的。当你选择创业这条路的时候，你不仅仅承载了家庭、家族的命运，更承载了社会的命运，你不是为一个人而活，而是为了所有爱你的人而活。加油吧！"

冯文星
北京聚星董事局主席
中国家庭教育梦想导师
青年领袖创业家导师

第三章　破解传奇人生，缔造生命奇迹

一、中考落榜偶遇中国传统文化

1988 年 1 月 20 日，在这个世界上降生了一个小男孩。他的第一声啼哭在告诉世人"我来了"；他的两只小手紧紧攥着拳头，好像在说"我要打拼自己的人生"；他的两只小脚在乱动乱蹬，好像在说"我要踏遍这个世界"。

他叫冯文星，一个来自农村的非常平凡的孩子。小时候，他是那么天真活泼，3 岁时，他成了留守儿童。由于父母外出打工，他从小就跟着外公外婆生活，孤僻、内向、封闭的性格从他开始上学起就渐渐显现出来。当他上小学后，性格突然之间发生了巨大的变化，因为他发现身边的孩子都是"成功家庭"的孩子，有的孩子爸爸是行长、局长、董事长，妈妈是教授、医生、律师、总经理，而他不过是个普通的农家子弟，因此身边这些富裕家庭的孩子就和他渐渐疏远了，说"你是个穷孩子，我们不和穷孩子玩"。于是他的性格突然变得自闭了。在长达两年的时间里，他是一个被冷落的人，每天沉默寡言，曾经连续几天不去上课。逐渐的，他变得极度不自信，自卑、内向、胆小，甚至见到女孩子都脸红得犹如桃花。直到有一天，老师问他为什么不来上课，他哭了，并一五一十地说出了一直萎靡不振、不参加集体活动、不来上课以及学习成绩一降再降的原因。当他说完后，50多岁的班主任抱着他的头对他说："孩子，你是男子汉，也许谁都看不起你，但是你千万不要自己看不起自己。你不要在乎别人对你的态度，一定要相信自己；超越了自己，你就是超人。你是世界的唯一，天下没有两片同样的树叶，天下更不会有两个完全一样的人。你只有超越了自己，才能超越别人。老师最后送你一句话：知识改变命运，学习成就未来。"也许年龄太小，他还不能领会班主任话语的真谛，但是这番话让他有了一股冲劲儿。

　　"当时的那个感觉是非常痛苦的，虽然我还不到10岁，但是就已经有了非常强烈的孤独感。"冯文星回忆起以前说道。成长对于冯文星来说是一段尤为艰苦的过程，在没有父母陪伴的成长之路上，他具有了比同龄人更加成熟的思维。就在他10岁那年，命运捉弄，大病3天，发着38℃高烧奔赴考场，最终还是落榜了。爸爸妈妈想让他读个好点儿的实验中学，就这样，他小学读了9年，换了两所学校，三次中考落榜，都没有考上理想的实验中学。当时，所有人都认为他是个"问题少年"，智商存在问题，都觉得这个孩子没救了，但是对他而言，塞翁失马，焉知非福？中考落榜却是求学路上一个非常重要的转折点。他认为，人生不是赢在起点，而是赢在拐点。

辍学回家后，冯文星一直在家里做农活。有一天，他躺在草地上放羊，一种不可名状的情绪萦绕着他。"躺在绿色的草地上，面对涓涓细流，仰望蓝天，我问了自己几个问题：难道你今后要一直重复这样的日子吗？这是你想要的生活吗？今后你要成为什么样的人？"冯文星说，那个时候就听大人说，谁家要是能出个大学生是非常光荣的。已有了几年上学经历的他回想起那位 50 岁和蔼可亲的老师说的"知识改变命运，学习成就未来"，这 12 字箴言又在耳边萦绕，于是他就暗暗下定决心：我要过上自己想要的生活。虽然我不是富家子弟，但是我要成为富人，我要成为家族的骄傲，我要改变自己。

二、村里年龄最小的硕士研究生

在父母的鼓励下，冯文星跟着舅舅来到一所私塾学校——育英国学堂学习。在中国优秀传统文化的熏陶之下，冯文星终于找到了灵魂的停靠点，内心焦灼、封闭的情绪也在"仁、义、礼、智、信"的学习中得以化解。即使到现在，冯文星依然非常感慨，幸亏自己当时有了接触传统文化的机会，而年幼时的那段"留守"经历也使他对于童年时期的教育之重要性有了更深体会。19 岁时他获得本科学历证书，成了村里年龄最小的一名大学生。刻苦的努力让他收获了赞赏和掌声，也让他更加坚定了学习优秀传统文化的决心。幸运的是，2008 年，19 岁的冯文星考上了兰州西北民族大学硕士研究生。说起自己的这一段传奇经历，冯文星显得平淡而内敛，长久以来优秀传统文化的沉淀让他心境平和。

冯文星在北京中国人寿保险公司实习时，有幸聆听了梁凯恩老师两个小时的演讲。当演讲结束的时候，现场爆发出了雷鸣般的掌声，他被梁凯恩老师极富魅力的演讲深深打动了。梁凯恩老师的一字一句、每一个手势似乎都能震撼他的心灵。他开始意识到演讲的感染力有多么强大，一个声音不断地告诉他：这不正是你要追求的人生吗？于是他有了人生伟大的梦想——做一个最富影响力的演说家。

三、千回百转创办聚星教育培训公司

冯文星在大学期间既不甘平庸，又想减轻家庭负担，于是决定自己打工赚取每月的生活费。大学期间，他摆过地摊、卖过化妆品、卖过书、在家卖过蔬菜，还推销过保险、保健品等多种商品。他曾多次徒步远程拜访客户，也曾乘火车到外地学习销售经验。有一次，在北京看到了奔驰车、奥迪车、宝马车……他真的好羡慕那些开名车、住别墅的成功人士，他一直在想：为什么人家可以在车里夏天吹空调、冬天吹暖气，而自己却这样劳碌辛苦？他四处奔波，囊中羞涩，辛辛苦苦又得不到别人的理解，遭受过无数次拒绝，挫折不计其数，家人也不理解，还经常遭受身边人嘲讽，他最爱的初恋女孩也因为他辞职做销售但却一无所有而离他远去。冯文星说："最喜欢的女孩儿离我而去时说：你这样到处奔波，工作没有定位，没有良好的家庭背景，我和你在一起看不到任何希望。我不想再跟你四处漂泊了，这样做下去，10年后你仍然是一无所有。"当时，这几句话深深地刺痛了冯文星的心，他开始痛恨自己的无能，但在种种打击来临时，他并没有消沉下去，而是重新找回自我，设定梦想，始终坚持不放弃。他不畏酷暑严寒，连续 11 个月拜访新客户，每天坚持拜访 10 家。他始终坚信未曾经历不曾感受，未曾体验不曾感悟，不经历风雨绝不会见到彩虹；他始终坚信自己就是改变家族命运的人，成功是一种责任，是一种推卸不掉的责任。他发誓要让那些看不起他的人对他刮目相看，要让那些因为他没钱而离开他的人后悔，不让爱他的人失望。

由于冯文星的不甘平庸，他保持着谦虚乐观的心态，四处学习求教。他知道问路才不会迷路，门敲才会开，成功来自于四个字："主动出击"。2010 年冯文星听到的一场演讲一直在耳边萦绕，他感觉这就是自己想得到的成功法宝，于是他开始学习营销，学习企业管理，学习领导力，学习演讲。经过两年的社会历练、职业打拼，冯文星从 22 岁开始走入演讲培训生涯。他认为，演讲是一门艺术，更是一种魔力。冯文星找到了方向，内心充满了奋发的动力，他开始向世界大师学习，每天坚持读成功者的励志书籍，如世界汽车销售大师——乔·吉拉德的精彩演说、世界推销训练大师——汤姆·霍普金斯的精彩演绎、美国成功激励大师——安东尼·罗宾的疯狂训练、国际超级激励大师——约翰·库提斯的震撼演讲，还有世界潜能激励大师——博恩·崔西、世界第一人际关系大师——哈维·麦凯、世界第一行销大师——杰·亚伯拉罕、世界第一名领导力大师——约翰·麦克斯韦尔演讲的课程，还阅读了保险推销之神——原一平的全套书籍、美国谈判专家——罗杰道森的《有效谈判的秘密》、最伟大的催眠大师——马修史维的《心灵法则》等名著。

如今，冯文星从一个一无所有的无名小卒，成长为一个具有影响力的大学生魅力演讲权威人士。冯文星改变自己的过程，源自于他对成功的渴望，源自于他要帮助更多人建立梦想、迈向成功的爱。冯文星曾经连续举办了10期营销主管培训班，在一个月的30个全天不间断地讲课，他很累，但获得了成功。这种经历是他人生中宝贵的体验，是一种历练，更是一种成长。

冯文星长期从事大学生培训工作，指导大学生规划人生，激发大学生的创业梦想，帮助他们走出迷茫，帮助他们成功创业。几年来，冯文星在全国巡回演讲培训近千场、参训人次近10万人，深受企事业管理者及大学生的喜爱。有了成功创业的经验，冯文星在家乡创办了培训公司——北京聚星精英教育，为家乡发展奉献一份力量。保尔·柯察金曾经说过一句话："人最宝贵的东西是生命，生命属于人只有一次。人的一生应当这样度过：当他回首往事的时候，不会因虚度年华而悔恨，也不会因碌碌无为而羞愧，这样在临死的时候，他才能够说，我把我的整个生命和全部精力，都献给了世界上最伟大的事业，为人类的解放而斗争。"

冯文星最后说，去做自己喜欢的事情，并能让别人因此而获得幸福；讲自己所做，做自己所讲，这就是他的梦想。虽然在前往梦想的道路上有挫折，但只要不停止追逐的脚步，你的梦想就会实现，幸福一定会叩响你的大门。

蔡源凯

耐思国际英语南昌校区校长

耐思国际英语全国营销总监

江西学海培训学校营销顾问

第四章 折腾是对梦想的尊重

在这个世界上，有那么一小拨人，打开报纸是他们的消息，打开电视是他们的消息，街头巷尾议论的都是他们的消息，仿佛世界就是为他们而准备的，他们能够"呼风唤雨"，无所不能。年轻的你，就应该努力有一天成为这一小拨人。

——题记

"走上创业这条路对我而言总觉得是个偶然，因为自己出生的家庭环境和从小安分的性格似乎与创业这个词是不可能有交集的。"回想创业历程，蔡源凯这样说。蔡源凯的家乡在长江中游的一个沙洲上，四面都被江水所环绕，那是个美丽且宁静的乡村。

蔡源凯的祖辈父辈都是农民。父亲深知只有教育和知识，才能改变家族的命运。父亲对蔡源凯的要求一直都很严格。每次放学回家，父亲即使劳作很累也要检查他的作业；有时蔡源凯贪玩儿，不按时回家，就要被父亲抽打掌心。所以蔡源凯在小学、初中时的成绩在学校里一直都名列前茅，而且是老师亲戚经常夸奖、同学羡慕的"三好学生"。

蔡源凯说：

"我考进了我们县城最好的中学，进了最好的班级。入学后，我发现学习成绩好、优秀的同学很多，感觉自己常常被老师、同学忽视，这影响了我的学习心态，致使成绩不稳定。我想我再也不是老师的宠儿了，自己就慢慢地变得沉默、懦弱、自卑，自此坐在班级后排，沉浸在自己的世界里。

"2009年，我上高二的时候，一次意外事故让我失去了从小伴我长大的弟弟，这给我带来了非常沉重的打击，此后，我更加萎靡不振。2010年，高考失利，我感到特别自责。虚荣心与所谓的自尊心一直折磨着我，我觉得自己愧对众人的期盼，于是把自己锁在屋子里，内心失败的苦恼与沮丧让我甚至有了轻生之念。后来经过父母的多次开导，我逐渐拾起自信心，决心重新再来，为此我选择了补习之路。

"在补习的那一年，我非常努力而且对自己要求极为严格，所以尽管第二次高考还是没考上自己理想的大学，但我还是挺开心的。毕竟，我考入了一所普通的大学，实现了一个自己从小一直渴望的心愿。

"走进大学后，我对身边所有的新鲜事物充满了好奇，充满了激情与活力。渐渐的，我发现自己依然过着三点一线的生活，偶尔抬头仰望天空发呆，仿佛与高中没什么区别。读大学时，许多同学都有自己的理想：有的同学想考研究生，有的同学想考公务员，有的同学想留学，有的同学想创业，他们为实现自己的理想而刻苦学习，努力钻研。大学一年级时,我常常怀念童年、小学、中学的时光。我想让自己的生活尽量充实起来,于是参加了很多学生社团活动。读中学时,我并没有报考大学专业的经验,因为自己录取的专业是被调剂的,所以学习时没有一点儿兴趣,对未来的发展也一片迷茫。

"刚入学时,我没有自己的理想,由于对专业学习没有兴趣,我的内心突然陷入一种极端的恐惧与迷茫当中。平淡安逸的生活总容易让人忘记初衷,丧失斗志。渐渐的,我就陷入了无尽的迷茫的深渊里。每天无所事事,旷课、熬夜泡吧、睡懒觉,成为了自己曾经最讨厌的那一类人。

"每个人都会感到困惑,原因是多方面的。如果你多读书,有智慧,有理想,有道德,有自信心,有仁爱之心,你就会从困惑中走出来。

"在我的成长过程中,父母并没有对我做过成功的教育,所以在大学一年级的学习生活中,我很迷茫。大学二年级,我很庆幸遇到了几位人生导师,遇到了一群小伙伴,我们每天一起早起读书练习英语、一起晨练,一起参加大学生创业比赛,一起去兼职做代理,一起创办耐思教育,我们彼此鼓励,共同成长。我很感谢,那段时光使我从颓废中走了出来。当你在大学结交积极向上、志同道合的朋友时,你学习的动力、生活的热情与活力就会被重新点燃。

"有了理想和对成功的自信,我开始了新的生活:努力学习,准备创业。然而,我遇到了阻碍:朋友的质疑、家人的反对。家人一直非常反对我创业,他们希望我稳定:学好自己的专业知识,毕业后找到一份安稳的工作。

"创业是有风险的。创业两年期间,我几乎没有盈利。当时,我自己大学的学费靠贷款,妹妹也在念大学,这些都让没有任何文化、靠卖苦力辛苦挣钱的父母不堪重负。每次回家看到他们憔悴的面容和渐白的头发，我心里的滋味儿就像苦水在胃里翻滚。但是我知道随着团队各方面的完善，我们一定能闯出来一条新路。

"大学四年级时，公司的事业有了发展，大家的努力终于获得了初步的成果。大学二年级时，我对父母说：只要家人支持我创业，妹妹读大学的学杂费以后由我来提供，我也不会再向家里要一分钱。我在毕业那年不仅实现了自己的诺言，而且购买了人生中的第一辆车，成为90后创业者中脱颖而出的一位。但是我知道，得意时不要骄傲，失意时不要堕落，学会左手温暖右手，做自己想做的，做自己热爱的，坚持做下去，就是人生最大的成功。

"每个人的父母都会在不知不觉中把他们认为最正确的一套人生观灌输给孩子，但是，父母不能代替你生活。在人生中，你要学习、思考，要学会规划自己的人生。

"我特别喜欢乔布斯在斯坦福大学的那篇演讲，我多次倾听他的教诲。我认为，你要想成功，不仅要学习、思考，而且要参与社会活动；要用心去感受、去探索，追寻自己真正热爱的事物，包括自然科学、社会科学、艺术、演讲与口才、批判性思考力、英语、职业素养等；要接触各种人，了解他们的故事；要参与几个有意义的团体。在大学毕业时，你若想在企业找到一个合适的工作，那么，在读书时就要多涉猎一些知识，与优秀的志同道合的人交朋友。

"很庆幸，我从事了自己深深热爱的教育行业。教育的目的是让我们有能力创造幸福生活并且享受生活；能学会欣赏别人，从而欣赏自己。年轻的时候要不怕犯错，因为折腾是实现梦想的前提。"

陈东红

黑马教育集团董事长

南昌师范学院大学生创业特聘导师

江西教育诚信联盟理事

第五章　清净之魂，容江海之水

　　陈东红是黑马教育集团的董事长，也是南昌师范学院大学生创业特聘导师。陈东红说："事业是人生的追求，是人生的梦想，是人生价值的体现。在追求事业的路上并非一路坦途，并不是每个人都能如愿成就梦想，除了不懈努力，艰苦付出，思想上还得做好承受一次又一次失败的准备。现实是无法抗拒的，环境是无法改变的，事业上的突破，除了自己要具备成就事业所必需的素质外，还得遇到人生中的伯乐，还得适应、融进你所处的环境中去，天时、地利、人和缺一不可。"

　　陈东红说：

　　"有的人为了事业放弃了做人的人格与尊严，他们的一言一行显得那样的卑微与可怜；有的人为了心灵的那片自由之地而甘愿事业停滞不前，因为他不愿放弃做人的底线。我们没有权利去评判谁是谁非，没有权利去评论别人的成功或失败，但相信时间会说明一切，也会证明一切。

做一个有道德、有理想的人，这本身就是人生当中莫大的成功。

"有人认为，空前绝后，盛极而衰，是说当前人把事情做到'极致'，后人则没有了机会，发展到顶峰必然随之衰落下滑……高处不胜寒，即便能够幸运地成为少数可以攀登到顶峰的如意人，他感受的寂寞和苦楚又是多少常人能理解的呢？人在实现人生理想时，成功与失败并存，但只要你总结经验教训，坚持做下去，就会取得比前人更辉煌的成就。

"家家有本难念的经，是说每一个家庭都有各自不同的难隐苦衷。不过，百年修得同船渡，千年修来共枕眠。家人相遇是缘分，要珍惜这种得之不易的缘分，和谐相处，念好这本经。

"人们渴望财富，殊不知厚德才能载物。没有宽厚的胸怀和仁义的道德做支撑，无法得到真正的财富。

"行得春风，便得春雨。人生有酸甜苦辣，我们喜欢欢乐却无法拒绝苦难，倘若没有苦难的对应存在，如何才知道珍惜欢乐的价值？自然而然，人生随缘，随遇而安，知足常乐。

"遵循大自然的变化规律，与大自然和谐相处，你才能寻求到真正的幸福和快乐。人生会有挫折，但要有信心，为成功而奋斗。

"可是，有些事情，不是看破就可以了。如果缺少那份容纳海阔天空的胸怀，世事洞明的聪慧，反而成了压榨生命的苦酒。看得越清也越痛苦。一个正确的心态，才可以让生命如虎添翼；抽干一切涌动在心中的恶水，注入一股清新的泉流，还一个清净的自我。"

龙军

南昌华睿教育咨询有限公司联合创始人

第六章　有梦想，豁出去

2016 年 6 月 26 日，龙军大学毕业，获得江西科技师范大学体育学院及法学院的双学士学位。大学时光如白驹过隙，有太多值得我们去思考的问题。

2015 年春节前夕，一个读大学一年级的学弟问龙军：如何做才能成为一个完美的大学生？

当听到学弟提出的问题时，龙军苦笑着摇摇头，并抱歉地表示自己也没有所谓的标准答案。

龙军说：

"完美"只是相对的。在大学期间，每个同学都有自己的梦想，大多数同学都会为实现自己的梦想而奋斗。但是因为同学们为自己所做的人生设计各有不同，每个人的收获也不同，所以，对于学弟提出的问题，我不能给出"标准答案"。经历了四年大学学习和三年创业，下面我谈谈我的人生体会。

一、思想的深度决定了你人生的高度

龙军说：

"在第一次高考失败之际（高考总分 200 多分），我也不曾奢望今天能够拿到双学士学位；在当年乘着公交车去肯德基做兼职时，我也不相信自己能在大学三年级时买一辆 BMW。在做家教时，我也未曾想到毕业前自己的公司能成为 1000 人的团队。我认为，人要想取得成就，就要解放思想，思想的深度决定了你人生的高度。

"要拿掉我们大脑中思想的限制，这是我在 2015 年 8 月参加梁凯恩、许伯恺老师的'下一个奇迹'课堂上学习总结的经验。什么是大脑中思想的限制？举例来说，我们在需要做从未做过的事情或者思考有些问题的时候，通常都会有这样的反应：这怎么可能？

"在需要投资的时候：我没有钱；在需要拓展渠道的时候：我不认识什么人；在需要解决问题的时候：我没有能力……所以，'这怎么可能？'就成为我们自然而然的反应。这就是大脑中思想的限制。是的，或许我们真的当时不具备那些能力或者条件，我没有钱、没有能力、没有人脉，那又能怎么样呢？那又算得了什么呢？没有什么不可能！如果你渴望做一件事儿，那么你就应解除一些思想的限制，为了实现梦想而努力奋斗。"

二、到底是选择重要，还是努力重要

龙军说：

"我们先思考一下这个问题：为什么说选择很重要？仔细思考，在很大程度上，今天你的处境便是你当初所选择的结果。如果你选择了到工厂打工，那么你每天应该是打卡上班，然后努力工作，期待升职加薪；如果你选择当一名教师，那么你的工作和生活是相对比较稳定的，你不会大富大贵但也不愁吃穿；如果你选择创业或者经商，那么你追求的就不是很稳定的生活，家财万贯或者一贫如洗都是常态，会很辛苦但也会很精彩。

"我个人也庆幸自己当初选择了考大学、选择了创业这条路，虽然我很辛苦，有时忙得精疲力竭，但是我取得了一些成就。'男怕入错行'这句中华民族的古训，在一定程度上反映了我们做出人生选择的重要性。

"做出人生选择后，我们还要为实现自己的理想而奋斗。这是最重要的。

"在你做出了决定以后，要解决如何去实践的问题。选择只是确定了人生的方向，但是如果不去努力，那么你的选择就算是对的也是空中楼阁。我们所熟知的很多成功人士，例如李嘉诚、马云等，他们当初做对了选择，他们的眼光固然是值得肯定的，但是与此同时，他们在这个选择后所付出的努力和坚持更加值得我们学习。我比别人优秀的地方，或许就是我比别人多做了一些努力。"

三、感恩之心离财富最近

龙军说：

"经历越多越是感到需要感谢的人很多，以前的我不够快乐，不够优秀，做事情不够顺利……从'道'的层面来讲，是我没有懂得'感恩'

的智慧。为什么说感恩是一种智慧？它不是要人们互相奉承、惺惺作态。感恩，是发自内心地去感谢他人。

　　"学会感恩自己，你会变得更自信，感谢自己为了梦想曾付出的努力，感谢自己通过持之以恒的学习变得越来越优秀。学会感恩别人，你结交更多的朋友，获得朋友的赞赏和帮助；学习别人的优点，与别人和谐相处，这是积累财富的基础。

　　"通过创业，我有了收获。我感恩父母的辛苦养育，感恩朋友的默默支持，感恩老师的谆谆教诲，感恩伴侣的不离不弃，感恩伙伴的同舟共济，感恩对手的激励促进。"

郭杰

聚鼎民投江西运营中心副总经理兼董事

江西家到家汽车管理有限公司总经理

江西车速贷网络科技有限公司运营总监

第七章 "我能成功"的信念一直在心中

郭杰的创业经历其实就是一本励志书籍，他也有过跟同龄人一样的迷惘和痛苦。成功之前，他经历过多次失败，但"我能成功"的坚定信念一直藏在他心中。让我们一起来翻开这本励志书籍，看看郭杰的成长故事吧。

一、从胆小到勇敢，你只需要跨出一小步

有的时候，衡量一个男人是否勇敢的标准非常简单，比如他小时候在课堂上是否敢举手，举手后不放下，不管他会不会黑板上的那道题目。

小时候，郭杰也是一个胆小的孩子，经常被大一点儿的孩子欺负。有一次，父亲对他说："一个男人，最后能不能成就大业与他的学习成绩关系不大，但是与他是否勇敢关系很大。你将来能否成长为一个真正

的男人，敢想敢做是唯一的标准！"父亲又继续说："所以，我对你只有一个要求，就是在每堂课上你都必须举手回答问题。"

郭杰不太明白，问道："如果老师的问题我不会回答呢？"

父亲回答："会，举左手；不会，举右手。"

虽然幼时的他不明白父亲的用意，但还是认真去做了。会回答就举左手，不会回答就举右手。慢慢地，他发现自己对上课充满了激情，感觉上课举手是一件非常刺激的事情：每次举手都会引起同学的关注，让自己很有荣誉感。因此，郭杰每次上课前都要认真预习功课，把老师可能要问的所有问题全部准备好，这样才能在课堂上举起左手。

他的信心逐渐增强，胆子越来越大，学习成绩越来越好，也逐渐成为孩子中的小"领袖"，遇到事情小伙伴们总喜欢听听他的建议。

这时候，他才明白了父亲的用意。

二、细微的工作存在着它自身的价值

读高中时，郭杰每年寒暑假都去打工。郭杰在打工时学到了许多在学校里无法学到的知识，如与人沟通的能力和表达能力。通过参加社会实践，郭杰开拓了视野，增长了才干，更加明确了自己的奋斗目标。

在游乐园打工时，郭杰积累了一些经验。他认为：接待顾客要有礼貌，首先应向顾客问好；问好时要做到"三到"：口到、眼到、神到。

郭杰认为，对于客人的要求，要尽全力去满足；如果有些要求不合理或不能办到，应用委婉的语气解释，并帮助他寻求其他解决的方法。工作培养了郭杰的服务意识，使他养成了面对客人保持微笑的好习惯，学会了用标准的礼仪待客，这也为他以后的发展打下了基础。

正是由于这次打工的经历，郭杰深深地明白了：服务是各行业的核心竞争力，是企业的生命线。高水平的服务不仅能为顾客留下深刻的印象，为其再次光临打下基础，而且能为企业树立良好的品牌和形象。

三、世上没有哪一种成功不是有备而来

"吃得苦中苦，方为人上人。"这是古时鼓励读书人发愤图强的一句话。创业也是一样，只有把勤劳当作是一种资本，比别人在身心上付出得更多，才会有更大的收获。从大学二年级下学期开始，郭杰开始了自己的创业生涯，他做过各种工作：发传单、做中介等。这一年虽然辛苦，但也积累了许多宝贵的经验及人脉，为他以后的创业路途打下了良好的基础。

机遇总是留给有准备的人。只有巧妙地利用各种条件来发展壮大自己，"先谋于事"，才能以其优势整合更多的资源，以最快的速度抓住较佳的机遇。

郭杰认为，创业者想要成就自己的事业，实现自身的价值，不仅要有过人的胆识，而且要能敏锐地抓住创业的机遇，充分组合、利用自身的资源。在创业初始阶段，最现实、最经济、最有保障的发展，就是围绕现有资源进行整合与延伸；有了资源，才会有生财点和增长点。经过几年的奋斗，郭杰以其独特的人格魅力，诚信待人，结交了许多朋友，合作伙伴日渐增多。

积累了一些经验，在合作伙伴的支持下，郭杰开始创立公司。在开

始创办的过程中，郭杰遇到了许多困难，但是他毅然决然地选择前行。
现在，郭杰身兼数职：聚鼎民投江西运营中心副总经理兼董事、江西家
到家汽车管理有限公司总经理、江西车速贷网络科技有限公司运营总监。
虽然他已取得了一些成就，但依旧在努力着。

郭杰勇于拼搏，做事认真负责，诚信待人，在合作伙伴中赢得了良
好的口碑。郭杰认为，成绩是开拓者艰难跋涉的记录，荣誉是对开拓者
执着追求的奖赏，他要努力追求辉煌的未来。

余军飞

亚马逊（中国）品牌创始人、公司总裁

中国十大杰出企业家

中国民族品牌十大领军人物

第八章　成功重在创新与坚持

一、烤肉，成就了我的事业

余军飞从小就是那种勇于承担家庭责任的孩子，小时候他便萌生了一个梦想——去大城市奋斗。16 岁时，余军飞跟随亲戚前往上海，从此迈出了踏入社会的第一步。到了上海以后，余军飞开始学做上海本帮菜。

一段时间以后，经过同事介绍，余军飞第一次听说巴西烤肉这一餐饮种类，于是开始慢慢对其进行了解、关注。一次偶然的机会，余军飞下班后逛街时看到一家巴西烤肉店门庭若市。到底是什么原因令大家对这种食物如此追捧呢？一个大胆的想法在他脑海里萌生。

"选择它也可能是种缘分吧。"余军飞笑言。出于好奇，余军飞决定进入这个领域一探究竟，然后他就去店里应聘，由此接触到了中国最早的巴西烤肉。入店之初，余军飞做的是最基础的工作——杂工，每个月工资只有 300 元。余军飞说："一开始我什么活儿都干，比如说掏垃圾、切配菜、切肉等。"

余军飞做技术管理以后，努力工作，积累了一些管理经验。后来余军飞升做部门高管，年薪达到 15 万元，在当时来讲算是同行业内工资较高的。此时的余军飞身居高管职位，年薪丰厚，这是不少人向往的。按道理余军飞应该沿着这条大道迈步前行，但是余军飞却做出了一个惊人的决定——辞职创业。

"当时，巴西烤肉的市场前景是非常广阔的。"余军飞满怀信心地说，"我及时发现了这个商机。"由于敏锐的市场洞察力，余军飞发现了巴西烤肉蕴含的巨大商机，毅然辞去高管之职，选择了艰苦创业。

创业初期，余军飞投入了一些资金，花费了许多心血，进行了一段时间的摸索，可最初的七个月里，他没有收获到利润。这时，余军飞产生了动摇：我花费了那么多的时间和精力，却没有任何收获？是否应该放弃？考虑再三，余军飞最终选择了坚持创业。

除此之外，还有一个重要原因令余军飞最终没有放弃创业。那时，有一家同样做餐饮的某公司，起初这个公司是做加盟的，后来它开的直营店生意非常火爆，于是就放弃了加盟市场。此时，余军飞抓住了商机。他认为，假如这时候有一个做市场策划、管理加盟推广的公司，那么这家公司将来必定会在这个行业里拥有一席之地。基于这个判断，余军飞才做出了坚持创业的决定。

余军飞说："我认为，在人生中既然选择了这个行业，就应该大胆地去尝试，大胆地去坚持，大胆地去付出，不后悔，不放弃，所以我做餐饮16年，一直坚持到现在。"正是这种不抛弃、不放弃、勇往直前的精神，支撑着余军飞一步一步跨越阻碍，从无到有；困难再大，亦能克服。

最初，余军飞一人身兼公司数职，由于公司规模小，无法承载大成本的合作项目；加上余军飞年轻，没有经验，所以余军飞的公司在市场竞争中没有优势，也因此缺少市场信誉度，难以获得别人的信任。为了做公司业务推广，节省费用，余军飞带领公司的一些员工，每天加班到凌晨，有时，凌晨四五点钟才下班。余军飞说："我觉得做事情要有决心，不要一直去想后路这件事，不能退缩，要奋不顾身地前进。"

功夫不负有心人，余军飞的团队努力工作，最终获得巨大成功。其所创办的亚马逊（中国）在短短8年时间里发展到150余家门店，旗下直营品牌——亚马逊国际自助百汇，以巴西风情为文化元素，为自助餐食客提供健康、美味、多元化的国际美食，自2013年亚马逊国际自助百汇在南昌成功开设第一家店，人气持续火爆，被行业称之为"亚马逊现象"。

余军飞也陆续获得了"中国改革优秀人物""中国十大杰出企业家""中国民族品牌十大领军人物"以及"中巴友好大使"等一系列荣誉称号。余军飞一步步从一个杂工成为改革先锋，用实际行动在行业内树起了一个创业典范。直到今天，我们看到他一手创立的亚马逊集团正在日益壮大，旗下的餐厅也日渐成为大多数人外出就餐的首选。

二、贵在细节，用品质服务大众

成功往往是从细节开始的，对于一个企业而言，成功离不开每一处微小的细节；对于个人来说，每一处细节都是成功的关键。余军飞的成功自然离不开对细节的专注。

在笔者问到亚马逊能取得如今这般优秀成绩的原因时，余军飞会心一笑，说道，"其实对于一个企业来说，这种成功并不是一蹴而就的。就像我们亚马逊，之所以可以取得今天的成绩，最重要的一个原因是我们注重细节。"

去过亚马逊的顾客应该都知道，亚马逊的装修风格在整个南昌市都是与众不同的。这是一个让人看一眼便会爱上的餐厅。在他的很"巴西"的亚马逊餐厅里，不论是摇曳的烛光、欢快的巴西乐曲，还是餐厅的环境，或是食客们怡然自得的表情，你总能找到属于这个品牌热爱者的真真切切、可触摸的魅力脉搏。亚马逊餐厅，与外界仿佛是两个截然不同的世界。

亚马逊餐厅的每一个细节，可以说都凝结了余军飞的滴滴心血。余军飞说："在装饰上，餐厅由设计师精心设计不同元素的主题，文化森林元素里有栩栩如生的小动物和绿色盆景。这是一种粗犷的用餐方式，所以我们选择以森林为主的元素。"

在餐厅的装修环节上，亚马逊也是极为"讲究"的，哪怕小到一个广告牌，在选材时都极为"挑剔"。特别是在广告牌、指引牌的拼接过程中，制作者对细腻度把握得恰到好处。余军飞说："其他餐厅的广告牌、食品展示架，他们都是在市场购买的，可能都是很简单的敷衍，很多餐厅都认为在这方面不必花费太多的资金。然而在亚马逊餐厅里，不管是指引牌还是食品展示架，我们都会用老船木精雕细琢、重新设计，尽量做到与众不同。"

在亚马逊餐厅里，无论是客人就餐的餐桌，还是大大小小的广告牌，哪怕是不起眼儿的菜盒，全部都是用老船木精心设计的，透露出一种古朴沧桑的东方神韵。而南美风格的卡通人物伫立在餐厅里，这种中西文化相结合的设计风格，使餐厅独具特色。

余军飞除了对餐厅装修细节特别关注以外，在餐厅的后期经营细节上更是煞费苦心。用余军飞的话来说，餐厅的后期经营主要分为四个部分，而这四个部分就像是人体的各个器官，缺一不可。

第一是服务。亚马逊的客流量一直比较大，所以在亚马逊从业的员工面临的压力也是巨大的，每位员工每天上班的时间几乎都要超过10小时。面对如此巨大的压力，亚马逊对员工的培训也一直没有间断过。每周都会对员工进行一次培训，每个月公司高管、外聘老师也会对员工进行公开课的培训，每两个月会有一次大型公开课的培训或者考察机会。通过不间断的培训、学习，员工的素质和品质不断得到提升，服务质量也有了极大提高。

第二是建立、健全管理制度和体系。余军飞说："我们对于管理是比较严格的，我们的理念是坚决服从。"从上到下，每位员工都会坚决服从上级的工作安排，整个餐厅都显得井井有条。余军飞很注重管理细节，亚马逊餐厅的餐具摆台都是从消费者的角度去考虑的，使客人在亚马逊用餐时能有更好的体验。

第三是菜品的品质。"创建一个企业，如果只是为了赚钱，制造的产品往往可能缺斤少两。我觉得做产品就像是做人，要讲良心，我们现在所拥有的一切都来之于顾客，所以更要用之于顾客。我要对我的员工负责，对顾客负责。"在亚马逊餐厅，所用的调味料、大米、海鲜、蔬菜等一系列食品用品，全部都按行业里的高标准采购。顾客在餐厅里食用的鸡翅都是正大集团的产品。有些餐厅为了节约成本，采购的蔬菜大多是大棚催熟、价格低廉的产品。亚马逊对选用的蔬菜要求很严格，确保无害、健康。食品稍微有一点儿不合格，就会被亚马逊拒之门外。

第四就是口味。"我们做巴西烤肉已经 15 年了，在中国有一定的影响力。我们把一切具有特色的产品融合到一起，产品口味、品质有特色，为顾客服务有保障。我们的技术团队跟随亚马逊创业，多年来积累了丰富经验，他们都有自己独特的口味创造、质量保证的优势。我们把产品做到较佳以后，希望能让客人认为自己的体验大于消费，以此给顾客带来超值体验。"余军飞这样说。

从无到有，如今的亚马逊取得了如此骄人的成绩，除了困境中坚持不懈外，自然也离不开余军飞的管理才能。整个公司数千名员工不遗余力地为公司、为顾客服务，得益于余军飞人性化的管理。

"我要对我的每一位员工负责。"在谈到面对逾千名员工是如何管理的时候，余军飞深情地说。在餐饮服务业，由于门槛低、入手快、工作强度大，因此一直存在着这样一个现象——工作人员的流动性特别大。但是在亚马逊的店内却有很多元老级别的员工，他们在亚马逊工作已经超过 10 年。

对于如何留住员工，余军飞也有自己的心得："我要对自己的员工负责，在精神上给他们以希望，在物质上让他们没有后顾之忧。通过培训，让他们感觉到自己始终在进步。"对于余军飞来说，亚马逊不仅是他的企业，更是他的责任。一直以来，余军飞都本着负责任的态度对待每一位消费者，对待每一位员工。"从创业之初走到今天，我们的团队一直都追随着公司，我觉得我应该对他们负责。"余军飞由衷地说。

多年来，亚马逊一直秉承这样的管理理念。在亚马逊工作的员工，一方面，他们的福利待遇较之同行都是比较高的，在物质上没有后顾之忧。另一方面，通过培训，使员工的文化素质和品质不断得到提升，让他们感觉到自己在不断进步，同时让他们在亚马逊找到自己的"位置"。亚马逊一直坚持"唯才是用"的人才观念，有着健全的人才管理机制，通过职位的提升来提高员工工作的积极性，为每一位员工提供发展的空间。

源于对细节的执着追求，本着对员工负责的态度和人性化的管理理念，10多年来，余军飞一心一意专注于餐饮，立志把产品、管理、服务做好，做到行业领先。

三、勤于变革，将创新融入发展

中国有句古话："不谋万事者，不足谋一时；不谋全局者，不足谋一域。"在当今，科学技术的发展日新月异，对于一个企业而言，应当学会用全局眼光从高处审视自己，随时发现自身的不足，通过改革创新不断壮大。余军飞的成功自然也离不开独具特色的创新思维。

近几年，余军飞在全国参加各种活动，结识了许多国内外精英人士，其中让余军飞印象最为深刻的是小米公司的创始人——雷军。在一次未来之星俱乐部里，余军飞和雷军有了短暂的交流。"餐饮企业最重要的是打破传统经营模式，如果可以运用互联网思维，你们的餐饮品牌一定可以在行业内独树一帜。"正是雷军这一席话，让余军飞谈到亚马逊今后的发展时有了创新的模式。

余军飞说："其实互联网或者移动互联网都给了我们很多新的思路，我们亚马逊以后的创新，肯定会用到互联网思维。"在有人问互联网思维的含义时，余军飞这样解释："互联网思维可以简单地概括为七个字：专注，'极致'，口碑，快。为了让消费者更喜欢亚马逊，公司已经用互联网思维开始改革。"

在亚马逊餐厅里，每一位客人前来就餐，通过互联网发布餐厅信息，都可以有效地进行二次传播，其信息传播率可能覆盖全国各地。这种宣传还打破了传统宣传的地域局限性，这才是正确的宣传策略。这个就是互联网思维的"快"。假设只是在线下进行宣传和推广，会有一定的局限性，而且推广的速度比较慢。

余军飞认为，企业的口碑很重要。产品质量是做企业最根本的保障，一个企业只有通过质量获得大家的认同，树立良好的企业形象，得到良好的口碑，那么它才能发展得更长远。所以亚马逊所有的食材都是直接从生产厂家购得的一级食材，这样质量才会有保证。

说到专注和"极致"，余军飞觉得正是因为自己热爱餐饮，所以要认真地做出营养、健康的产品。余军飞十几年如一日专注于产品质量，通过努力把亚马逊的很多细节都做到了"极致"。余军飞一直认为："你专注地把产品做到'极致'，做到一定程度以后，你的模式就得到了优化。"正是这种专注和追求"极致"的态度，让亚马逊成功地完成了从线下经营到与互联网经营相结合的模式转变。

伴随着南昌的崛起，余军飞也紧随南昌发展的步伐，谋划着企业的发展。一方面，他将投资驱动转向为创新驱动；另一方面，余军飞准备更深入地了解巴西，将巴西的特色文化融入到亚马逊餐厅，提高公司的核心竞争力。

用余军飞的话来说，"不改等死，我们不能固守旧的模式，亚马逊餐厅应该把最新最好的东西放进去，不好的东西慢慢淘汰，同时利用互联网思维进行企业的改革和创新。"

秉承这样的理念，余军飞奔走在全国的餐饮行业，像是一个美食传播者，为的是让更多的人熟知巴西文化；更像一个健康使者，为更多的人传播健康理念。我们希望这样一名用良心做餐饮的企业家可以走得更远；但愿亚马逊可以在全国各地开出绚烂之花，给更多的人带来更健康、更美味的享受。

晓印老师

著名青少年演讲口才训练导师

众策群力商学院创始人

畅销书《演讲与口才的逻辑》作者

第九章　梦想是人生奋斗的动力

　　无论是在成人培训课，还是在青少年的培训课上，晓印老师都经常跟学生说，早上叫醒自己的不是闹钟，而是梦想；梦想是人生奋斗的动力、社会发展进步的动力，孩子要从小树立远大的理想。明确自己的梦想，把梦想写下来、画出来、说出来，通过演讲大声告诉身边更多的人，不仅可以坚定梦想、激发动力，而且可以吸引志同道合的人，还可以获得更多的帮助。他说，在我的青少年特训营中，孩子们不仅要写梦想，还要讲梦想、画梦想，心怀梦想。让梦想变成现实，是从潜意识深处去引爆、激发人的潜能。

　　晓印老师出身贫寒，成长于农村，从小伴随家庭经历挫折磨难，万幸能长大成人。他一直在社会最底层"野蛮"生长，童年、少年时生存环境都比较差，身心经历磨难，至今仍留下许多烙印。

　　因为晓印老师从小没有机会接受优质系统教育，所以智商、情商都未开发，早年口舌笨拙，为此吃亏、碰壁无数，尝尽人间辛酸。晓印老师参加工作后，幸运地遇到许多"贵人"，经高人点拨、名师开悟，对智慧略有感悟，经历了许多故事，命运有所改变，在社会上已有立锥之地。

正因为晓印老师自己吃过苦、受过难，才知幸福来之不易，所以强烈渴望能帮助更多人远离苦难、拥有幸福。为此，晓印老师出版了《演讲与口才的逻辑》这本书，希望它能够帮助更多的人学会演讲，有口才，获取自己的成功。晓印老师曾在企业工作，企业、企业家是他熟悉的圈子。晓印老师最初在外企工作，多和外国同事相处，后来自己创办管理咨询公司，有机会与更多上市公司、大型国企、外资企业及民营企业家打交道，他很喜欢和他们在一起，走进他们的心灵深处，去了解、帮助、服务、支持他们。他身边的朋友、客户大多是企业家，这本书讲的都是他和身边朋友的真实故事。

很多企业家都非常朴实，乐于付出，特别有梦想、敢担当，晓印老师与他们每天共同经历的故事都给自己许多启发、很多感动，他感受到他们是国家与民族复兴的脊梁，深深地认识到他们是这个时代的弄潮儿。晓印老师一直有个梦想，要把他们的故事总结出来、在他的讲台上讲出来、再写到书上、搬到屏幕上，去启发、鼓舞、感染、感召更多人更多地关心我们的企业家，并进而成为企业家，为伟大的中国梦不断添砖加瓦。

在和外国同事共事时，晓印老师学习了许多他们的思维、方法。晓印老师开始探索、思考如何将西方先进管理经验与中国实践结合，如何将外资企业、大型国企的复杂系统转化成中、小、微民营企业的简单套路。

晓印老师一边思考一边行动，已经收获了许多成功案例，部分案例已收入到了他的"第六代培训师智慧演讲精进书系"中。

　　演讲与口才是一个人一生中非常重要的一项能力，有了这项能力，人生的路就能够走得更加顺畅，获得更多帮助。希望在晓印老师传播演讲与口才智慧的同时，能够真正帮助更多有梦想的人实现他们的梦想。

蔡强

南昌众力管理咨询有限公司董事长

少年领导力训练专家

演讲与口才实战导师

第十章　企业是承载团队成员梦想的地方

每一位成功者都有一段不寻常的故事，它是励志的，激动人心的，甚至是苦难的。

他是南昌众力管理咨询有限公司董事长——蔡强，2010 年，31 岁的蔡强，带着 6000 元来到南昌的创业史有着怎样跌宕起伏的故事呢？在南昌这片红色土地上，他又是如何打造属于自己的事业堡垒的呢？

1979 年出生在一个平民家庭的蔡强，研究生毕业后，迫于生活的压力，也不甘心每个月挣取稳定的工资，一辈子当车奴、房奴，2010 年，他萌发了出去闯一闯的念头。父母反对，身无分文，蔡强陷入了创业的第一个困境：没有资金，也得不到家人的理解。一次又一次，他和父母沟通他的想法，讲述他的抱负，父母始终不理解他。当他被最亲的家人告知，做人要脚踏实地，并劝他放弃"不切实际"的创业梦时，痛苦充斥着他的身心，犹如无月的夜，黑暗的迷雾遮住了前方的路。

　　他不想放弃，也不能放弃，因为还有挚爱的人在等着他。有一天，她非常欢喜地告诉蔡强一个好消息："我父母给了6000元支持我们，不多，希望能有用。"

　　6000元，按南昌当时的房价，仅仅只够买一平方米的厕所，但这无疑是黑暗中的一点儿星光，给了蔡强希望和一束光芒。哪怕是微弱星光，哪怕只有1%的机会，哪怕所有人都对他说不行，他也必须走下去。这6000元钱是她给蔡强的，蔡强知道来之不易，尤其是，后来偶然的一个机会，当蔡强知道为了这6000元她背负着多大非议和压力的时候，他紧紧地搂着她，心里默默地发誓："蔡强，是个男人就绝对要一万分努力，拼了命也要做出成绩来！"

　　原来，她骗了蔡强，她父亲很反对他们在一起，害怕她跟着这个穷小子受苦。为了来南昌，她甚至和父亲断绝了父女关系，而那6000元钱，也是她母亲偷偷塞给她的。她不想让蔡强背负心理压力，就隐瞒了这件事情。

　　只有6000元钱，蔡强花了4000元，买了他人生中的第一台电脑，用来学习。蔡强住着每个月80元的出租屋，留下2000元创业，甚至吃饭的钱都要非常非常节省。

　　创业之初，公司没有团队，没有办公室，他俩坐公交车出行。蔡强印制了许多培训招生的传单，大街上、学校门口、小区楼宇，处处遍布他们的身影。有一次，蔡强和她一起去"扫楼"，她的鞋子不合脚，就脱了鞋子走。他们一间房一间房地敲门，发传单，宣传他们的培训招生计划，最后她的脚都磨出水泡了。他俩做宣传时多次被拒绝，有人把他们当作坏人，小区的保安也不支持他们的工作，把他们撵出小区。每当这个时候，蔡强总会记下还有哪些没跑的，第二天再来。

他俩在居民区做了广泛的宣传工作，小区里很多住户都知道他们是做培训的，为他们做介绍。几个月以后，情况有了一些好转。

2011年，蔡强终于有了属于自己的办公场地，虽然只有50平方米，却是他们一个长足的进步。他们精心布置办公室，购买了一些办公用品，心里充满了喜悦。

公司有了办公场地，经营走上了正轨。经过半年的宣传和培训，他们有了一些知名度，在寒假和暑期做培训时，他们获得了利润。

2011年5月，蔡强买了人生中第一辆汽车；2011年10月，蔡强在万科四季花城买了人生中第一套房子；2011年11月，他俩结婚了，没有婚车，也没有司仪，只有他们幸福的笑容，还有丈母娘欣慰的泪水。

2012年，为发展公司的事业，经过深思熟虑后，蔡强决定招贤纳士，组建团队。

2013年6月，公司迁入洪城数码广场1405室，面积130平方米。蔡强从销售和培训转做管理工作。这对蔡强又是一个新的考验，后因他缺乏管理经验，致使团队解散。

蔡强是一个不服输的人，团队解散后，他认真总结经验，决定继续做培训。7月份，蔡强独自做出60万元业绩，让放弃的人刮目相看。经过这个暑假，蔡强更坚定了做好一个公司的信心，他汲取原来的教训，亲自负责选人和做员工的培训工作。

2013年底，蔡强购买了九仰梧桐近300平方米的复式楼作为办公楼；2014年4月，蔡强买了人生中第二辆车：陆风SUV；2014年6月，蔡强开始组建新团队，公司的核心成员陆续入职；2015年10月1日，蔡强买了人生中第三辆车：宝马。

蔡强创业 5 年，到 2015 年才小有成就，他相信未来会更精彩。5 年创业，蔡强兢兢业业，从独立销售，到组建团队、创办企业，他一直坚信，只有能够帮助更多人的企业，被更多人需要的企业，才能长久存活下来；只有帮助团队成员实现人生梦想的企业，才能让团队成员更有凝聚力；只有不断进步的企业，才能承载更多人的梦想，继续远航。

在 2015 年，经过和团队核心成员的多次研讨，公司决定走多元化发展的道路，扩大自身影响力，组建子公司。在服务更多客户的同时，形成企业与企业间的互助同盟，为更多企业或机构服务；增强企业自身的稳定性，促进良性循环，形成产业链上下游相结合，以降低企业的风险和运营成本。

2015 年 6 月，蔡强组建顺德财务公司；2015 年 10 月，组建君悦营销公司；2016 年 3 月至 5 月，他的团队成员由 30 人增至 50 人。蔡强计划 2016 年下半年服务更多客户，全力帮助团队成员达到目标，实现买车买房的愿望。

精彩仍将继续，未来的路，在企业每一位成员的脚下。作为公司的负责人，蔡强的责任和义务更为艰巨，因为他现在不仅仅承载着自己的梦想，每一个相信他的成员都把梦想寄托在他的身上，寄托在南昌众力身上。蔡强只是一个船长，这艘航行在大海上的帆船，离不开每一位成员的驾驭。

一个企业只有承载了团队成员的梦想，才能吸引他们的加入和付出；一个企业持续健康的发展，离不开每一位成员的艰辛努力；一个企业的发展壮大，更离不开一群热爱企业的成员用他们的热情和真诚服

为 **梦想**，豁出去

务大众的核心理念助力企业成长。

　　南昌众力，愿意承载更多人的梦想！

温建华

建华管理咨询培训公司创始人

井冈山时代光华教育培训有限公司创始人

曾荣获"2014 南昌十佳创业先锋""2015 江西优秀
企业家"以及中华讲师网、网易云课堂联合举办的
2015 年度中华风云讲师评选中"中国百强讲师"荣
誉称号。

第十一章　我们首先要有一个梦想

温建华，1980 年出生于江西赣州，2014 年毕业于南昌大学，获工
商管理学硕士学位，同时获江西创业大学工商管理硕士学位。

中小学时代，温建华的学习成绩一直是父母和老师的心病，无论如
何劝导都无济于事。1995 年暑假，高中毕业的他高考落榜，眼见班里
的同学都在为自己所取得的成绩欢呼雀跃，成绩中上水平的同学可以在
一些中学担任老师，成绩优秀的同学则升学进入大学继续深造，而温建
华却因为名落孙山而整天游手好闲，即将谱写青春之歌的他感到前途暗
淡无光。正在此时，省教育局的一位大学教授游访各大中学，在老教授
的演讲中，对温建华有所触动的是，似乎只有深厚的文化底蕴及道德修
养才能使自己走向五彩斑斓的世界。

温建华情不自禁地说："以后我也要当教授。"一旁的班主任笑着说："以你现在的成绩，还差得很远。"温建华坐在那里没有说话，但孩童似的脸上带着微笑，表现出了坚定的信心。

为实现梦想，温建华毅然决定再次参加高考。经过一年的刻苦学习，温建华考入江西省重点大学，并继续完成了硕士学位的攻读。毕业以后，温建华被一家港资企业的人力资源部聘用。他在工作中细致严谨、脚踏实地，很快引起了领导的重视，两年后被破格提拔为企业中层管理人员。与此同时，温建华越发感觉到江西企业的管理培训体系与日、韩先进企业之间的巨大差异，于是，他决定辞职，自己成立企业咨询管理公司，同时也拒绝了许多公司的高薪聘请。

2009年3月初，温建华投入自己所有的积蓄成立了南昌建华管理咨询有限公司，主要经营为企业管理、咨询顾问、管理教练、活动策划等培训业务。最初，谁都不看好这家新公司，产品自然也无人问津。然而，这不仅没有打消温建华的积极性，反而使他更加坚定了自己的创业方向。公司刚创办时，温建华一人身兼数职。由于公司刚刚成立，规模小，无法承载大量人力成本等原因，所以公司在市场竞争中缺乏优势，也因此缺少市场信誉度，难以获得别人的信任。但温建华仍满怀信心，为了编写培训教材，他每天加班到凌晨，有时为了寻找客户源，他一天要去四个县城工业区拜访企业领导。

温建华说："我觉得做事情要有诚心，有毅力，不能退缩，要奋不顾身地前行，带领一个有思想有志向的团队向前冲，为了实现梦想而奋斗。"

温建华极其热爱企业管理咨询与培训工作，重视自身学习及与同业交流，先后拜访过近百位曾经或至今仍活跃在中国智业领域的知名咨询师、培训师以及许多学习领域的专家，曾先后参访过"摩托罗拉大学、惠普商学院、爱立信学院、中国电信学院、宝钢人才开发院、招银大学、国美电器培训中心、大众汽车学院、中航大学、北京大学、香港大学等大学和科学机构"，同时浏览了国际国内有关组织学习与发展领域的专业书籍，体会颇深。工作之余，温建华刻苦学习中国传统文化，他尤其喜爱儒道释文化，熟读其之部分经典，深受启发，并期待用自身不断的体悟与实践来弘扬博大精深、源远流长的"国学智慧"。

如今，建华管理咨询有限公司已经成立 8 年，在接受记者采访时，温建华对记者说："第一，我们先要有一个梦想，相信它一定会实现，我们要坚持到底；第二，为了实现梦想，我们要非常努力。用李嘉诚的话说，为了获得成功，你要比别人多做 4 倍的努力。"

温建华先生从事企业咨询与培训工作 9 年，致力于"帮助企业打造最佳商业模式、最优管理模式，提升精细化管理水平以及如何构建卓有成效的人才培养体系，打造学习型组织等"领域的研究与实践。目前建华管理咨询有限公司以"提升组织绩效，建设美好中华"为愿景，以"优化人力资本，共铸长青基业"为使命，以"诚信、专业、专注、高效、创新"为价值观，以"企业经营管理与人才发展首选服务商"为定位，以"行动学习、管理教练、e-learning、商务考察、混合式培训"为特色，与之合作的企业有数百家，在江西省内奠定了坚实的发展基础。